Ingo Dziondziak

Die Auswirkung des Bilanzrechtsmodernisierungsgesetzes (BilMoG) auf den Ausweis von Pensionsrückstellungen nach Handels- und Steuerrecht

Dziondziak, Ingo: Die Auswirkung des Bilanzrechtsmodernisierungsgesetzes (BilMoG) auf den Ausweis von Pensionsrückstellungen nach Handels- und Steuerrecht, Hamburg, Igel Verlag RWS 2014

Buch-ISBN: 978-3-95485-015-0
PDF-eBook-ISBN: 978-3-95485-515-5
Druck/Herstellung: Igel Verlag RWS, Hamburg, 2014

Bibliografische Information der Deutschen Nationalbibliothek:
Die Deutsche Nationalbibliothek verzeichnet diese Publikation in der Deutschen Nationalbibliografie; detaillierte bibliografische Daten sind im Internet über http://dnb.d-nb.de abrufbar.

© Igel Verlag RWS, Imprint der Diplomica Verlag GmbH
Hermannstal 119k, 22119 Hamburg
http://www.diplomica.de, Hamburg 2014
Printed in Germany

Inhaltsverzeichnis

2

Abkürzungsverzeichnis

a. F.	alte Fassung
Abb.	Abbildung
AG	Aktiengesellschaft
Art.	Artikel
bAV	betriebliche Altersversorgung
BetrAVG	Gesetz zur Verbesserung der betrieblichen Altersversorgung (Betriebsrentengesetz)
BFH	Bundesfinanzhof
BMF	Bundesministerium der Finanzen
BilMoG	Bilanzrechtsmodernisierungsgesetz
BiRiLiG	Bilanzrichtliniengesetz
bzw.	Beziehungsweise
CTA	Contractual Trust Arrangements
EGHGB	Einführungsgesetz zum Handelsgesetzbuch
EStG	Einkommenssteuergesetz
EStR	Einkommenssteuerrichtlinie
GM	General Motors AG
GoB	Grundsätze ordnungsgemäßer Buchführung
GuV	Gewinn- und Verlustrechnung
HFA	Hauptfachausschuss
HGB	Handelsgesetzbuch
Hs.	Halbsatz
i. V.	in Verbindung
IAS	International Accounting Standards
IDW	Institut der Wirtschaftsprüfer in Deutschland e.V., Düsseldorf
n. F.	neue Fassung
Nr.	Nummer
p. a.	per anno
PUCM	Projected-Unit-Credit-Method
SGB	Sozialgesetzbuch
T€	Tausend Euro

Tz.	Teilziffer
Vgl.	Vergleiche
VVaG	Versicherungsverein auf Gegenseitigkeit
z. B.	zum Beispiel

Abbildungsverzeichnis

Vorwort

„Die Rente ist Sicher!" (Zit. Norbert Blüm, 1986). Das das heute nicht mehr mit Sicherheit zu sagen ist, ist den meisten Menschen bekannt. Das heute die junge Generation für die Alten sorgen, ist Aufgrund des demografischen Wandels nicht mehr gegeben. Das Dreisäulenmodel, bestehend aus staatlicher Rente, betrieblicher Altersvorsorge und privater Sicherung wackelt. Daher rät der Staat mittlerweile auch zur Privaten Altersvorsorge. Durch die zunehmende Verringerung der staatlichen Rente wird die betriebliche Altersvorsorge immer wichtiger. Arbeitgeber haben fünf Möglichkeiten zur Durchführung der bAV: Direktversicherungen, Pensionskassen, Unterstützungskassen, Pensionsfonds und die Direktzusage. Eben diese letztgenannte Direktzusage führt bei Unternehmen zu erheblichen bilanziellen Belastungen.

Für Direktzusagen, die nach dem 01.01.87 erworben wurden müssen handelsrechtlich Rückstellungen gebildet werden. Die hier zu bildenden Rück-stellungen fallen unter den Punkt der Rückstellungen für ungewisse Verbindlich-keiten, da Höhe und Zeitpunkt der Leistung bei Erteilung einer Zusage i.d. Regel nicht bekannt sind. Bisher haben Arbeitgeber zu 90% das in § 6a EStG vorgeschriebene steuerliche Teilwertverfahren zu Ermittlung der Rück-stellungen auch in die Handelsbilanz mit Übernommen. Seit der Einführung des BilMoG ist dies grds. nicht mehr zulässig. Es wird aber auch kein Verfahren vorgeschrieben.

Es kommt ab der erstmaligen Anwendung des neuen Rechts zu erheblichen Unterschieden zwischen Handels- und Steuerbilanz. Zukünftig wird der Zinssatz von der deutschen Bundesbank der zur Ermittlung des Barwertes notwendig ist bekannt gegeben. Ein statischer Wert wie im Teilwertverfahren ist damit nicht mehr möglich. Auch wurde der Begriff „Rückzahlungsbetrag" durch „Erfüllungs-betrag" im HGB ersetzt. Somit sind zukünftig Preis- und Kostensteigerungen sowie Fluktuationen bei der Bewertung von Pensionsrückstellungen mit einzubeziehen. Dies ist ein in Kauf genommener Verstoß gegen das in den GoB enthaltenen Stichtagprinzip. Steuerrechtlich wird daran festgehalten. Es wird dadurch zu einer Erhöhung der handelsrechtlichen Pensionsrückstellungen kommen.

Die erhöhte Belastung der Zuführung wird aber durch die Möglichkeit den Unterschiedsbetrag in 15 Jahren anzusammeln abgemildert. Bei dem Ausweis der Pensionsverpflichtungen besteht die größte Änderung. Hier sieht der Gesetzgeber zukünftig eine in kaufgenommene Durchbrechung des Saldierungsverbotes vor. Der Bruttoausweises wurde aufgehoben es kommt zu einem Nettoausweis. Es darf Planvermögen, was dem Zugriff der Gläubiger entzogen wurde (z. B. durch CTA´s) mit den Pensionsrückstellungen Saldiert ausgewiesen werden. Insgesamt ergeben sich durch die Umstellung vom alten auf das neue Recht erhebliche bilanzpolitische Spielräume durch die verschiedenen Methoden der Bewertung und des Ausweises. Diese werden nicht nur stichtagsbezogen sein, sondern sich über die Folgejahre ziehen.

Prologue

"The pension is safe!" (Norbert Blüm, 1986). Today most of the people know that this is not for sure anymore. As a result of the demographic change the young generation is incapable to sponsor the previous generation. The threefold model, consisting of state pensions, occupational pensions and private pensions is malfunctioning. Due to the fact that the state pensions cannot be guaranteed anymore, the government advise the young generation to care for their individual retirement age by private pensions. Based on decreasing state pensions the occupational pensions are getting more and more important.

Employers have 5 possibilities to implement a company based retirement arrangement: a direct insurance, pension funds, provident funds, pension funds or a direct commitment. The last one causes significant loads regarding to the balance sheet. Relating to commercial law, for direct commitments which were granted after January 1987, accruals must be set up. These accruals belong to uncertain liabilities for the simple reason that the amount for payment and the payday are usually unknown at the time of commitment.

So far, 90% of employers adopt the in § 6a Income Tax Act (EStG) mandatory tax fraction value procedure (steuerliches Teilwertverfahren) to the balance of trade. Since the implementation of BilMoG this procedure is basically prohibited. But there is no other procedure required. With the first usage of the new law there will be significant differences between trade balance and tax balance.

The interest rate for the assessment of the present value will be announced by the German Central Bank. A statistical value like in the fraction value procedure is not possible anymore. An additional modification in the code of commercial law is that the term "redemption amount" (Rückzahlungsbetrag) is replaced by the term "compliance amount" (Erfüllungsbetrag). Therefore future price and cost rises and also fluctuations are involved in the assessment of accruals for pensions. This is a conscious violation of the "effective date concept" (Stichtag-prinzip).According to tax law there will be no changes in this case. Thus there will be an increase in the commercial accruals for pensions. This enhancement will be moderated by the possibility to accumulate the differences in 15 years.

The biggest modification was made in the statement of pension commitments. In this case there is a allowed conscious violation regarding the cast prohibition due to the fact that the gross statement will be replaced by the net statement. Plan assets which divest the creditors i.e. by CTA's are entitled to balance with accruals for pensions. Due to different methods of assessments and statements there is now a significant scope for balance sheet policy also in the next years.

1 Einleitung

In der aktiven Zeit der Erwerbsphase erfolgt die Versorgung eines Arbeitnehmers und seiner Familie durch die Abgabe eines Teils seines Arbeitslohnes an die gesetzliche Rentenversicherung. Durch diese Zahlungen wird ein soziales Netz gespannt, welches den Arbeitnehmer in seinem Ruhestand unterstützt. Die Alterssicherung erfolgt, historisch abgeleitet, durch den sogenannten „Generationsvertrag" (Umlageverfahren). Das Umlageverfahren sieht vor, dass die aktuellen Arbeitnehmer in die gesetzliche Rentenversicherung einzahlen und damit die aktuellen Rentenanwärter finanzieren. Diese Vorgehensweise wird als Generationsvertrag bezeichnet.

Durch das Problem der alternden Bevölkerung wird dies zunehmend problematisch. Die gesetzliche Rente reicht in der Regel nicht aus, um den über die Jahre aufgebauten Lebensstandard zu halten. Daher wird vom Gesetzgeber zur zusätzlichen privaten Altersvorsorge geraten. In den letzten Jahren wurden beispielsweise mit der staatlich geförderten Riester-Rente Anreize geschaffen, diesem Rat zu folgen. Die dritte Möglichkeit, im Alter gut abgesichert zu sein, ist die betriebliche Altersvorsorge.[1]

Die betriebliche Altersvorsorge ist als Schuld des Unternehmens auszuweisen. Die damit in der Bilanz darzustellenden Rückstellungen für unmittelbare Zusagen, welche von den Arbeitgebern direkt an die Arbeitnehmer zu zahlen sind, gestalten sich nicht immer leicht und nehmen einen sehr großen Teil der Passiva in Anspruch. Betriebe müssen mittlerweile einen großen Anteil ihrer Überschüsse zur Aufbringung von Pensionsrückstellungen verwenden. So musste beispielsweise GM in den vergangenen Geschäftsjahren mehrfach ca. 2/3 des Cashflows den Pensionsrückstellungen zuführen.[2] Auch eine Analyse der DAX-Konzerne zeigt, dass über 10% der Unternehmen mehr als 15% der Bilanzsummen den „Rentnern" zugesagt haben.[3]

---

[1] Vgl. Nahr, S. 1 Online im Internet.
[2] Vgl. Blechner, Online im Internet.
[3] Vgl. Kühn, Ulrich, Wenzel, Online im Internet.

Dieses Buch befasst sich mit dem Ausweis der Pensionsrückstellungen in der Bilanz. Sie wird einführend einen kurzen Überblick über Rückstellungen gegeben. Im Anschluss wird die betriebliche Altersvorsorge erläutert. Nach einer kurzen Darstellung der Bilanzierung von Pensionsrückstellungen nach dem Handelsrecht vor Einführung des BilMoG und dem Steuerrecht werden Änderungen erläutert, die durch die gesetzlichen Neuerungen in Kraft getreten sind. Zum Schluss dieses Buches erfolgt eine kritische Stellungnahme zu den Änderungen und dem damit verbundenen Ausweis.[4]

---

[4] Zur Vertiefenden Erläuterungen der einzelnen Änderungen durch das BilMoG können die angeführten Fußnoten herangezogen werden.

2 Der Begriff der Rückstellung

2.1 Definition / rechtliche Grundlage

Der Begriff der Rückstellung für bestehende Sachverhalte ist in § 249 HGB definiert. Nach dem dort beschriebenen Gesetzeswortlaut müssen Rückstellungen gebildet werden. Eine Legaldefinition für Rückstellungen ist jedoch im HGB nicht zu finden.[5]

Rückstellungen sind aus zwei Gründen zu bilden, zum Ersten um eine konkrete Darstellung des unternehmerischen Reinvermögens zu gewährleisten und zum Zweiten um eine periodengerechte Darstellung des Unternehmenserfolges zu erreichen. Die Bildung von Rückstellungen dient im Allgemeinen der Befriedigung der Gläubiger, da hierdurch sichergestellt wird, dass das benötigte Kapital vorhanden ist, wenn die Verpflichtung eintritt.[6] Seit 1987 (BiRiLiG) müssen gemäß § 249 I HGB alle Kaufleute handelsrechtlich Rückstellungen für ungewisse Verbindlichkeiten (später auch für drohende Verluste) bilden. Dies ist unabhängig von Rechtsform und Größe des Unternehmens. Hierzu gehören auch die Pensionsrückstellungen.[7]

Aus betriebswirtschaftlicher Sicht sind Rückstellungen Aufwendungen und Verluste (Belastungen), die im aktuellen Geschäftsjahr verursacht wurden. Diese Geschäftsvorfälle stehen am Bilanzstichtag dem Grunde nach fest, nur Höhe und Eintrittszeitpunkt sind noch ungewiss und die dazugehörige „Auszahlung" erfolgt erst in späteren Perioden. Dabei sind Rückstellungen in zwei Gruppen zu unterteilen. Zur ersten Gruppe zählen Verpflichtungen gegenüber Dritten, die sogenannten Außenverpflichtungen. Gruppe zwei beinhaltet Verpflichtungen gegen das Unternehmen selbst, die sogenannten Innenverpflichtungen. Innenverpflichtungen werden durch Aufwandsrückstellungen abgebildet, während Außenverpflichtungen durch die übrigen gesetzlich geregelten Rückstellungen abgebildet werden. Zu unterscheiden ist hier weiterhin zwischen wirtschaftlichen und rechtlichen Verpflichtungen (zum Zweiten gehören auch die Pensionsrückstellungen). Da bei den für Rückstellungen zugrunde liegenden Geschäftsvorfällen noch keine Auszahlungen

---

[5] Vgl. Coenenberg (2005), S. 390.
[6] Vgl. Coenenberg (2005), S. 388.
[7] Vgl. Döring, Heger (2009), S. 2067, in: DStR.

stattgefunden haben, sind diese buchhalterisch noch nicht erfasst. Daher müssen sie im Rahmen der Jahresabschlussbuchungen durch die Bildung von Rückstellungen berücksichtigt werden. Diese Vorgehensweise dient somit der periodengerechten Erfolgsermittlung.[8]

Rückstellungen sind mit dem Betrag, bzw. nur in Höhe des Betrages anzusetzen, welcher den tatsächlichen objektiven wirtschaftlichen Verhältnissen entspricht (nach vernünftiger kaufmännischer Beurteilung). Zur Ermittlung dieser Höhe kommen Erfahrungswerte des Unternehmens zum Tragen.[9] Rückstellungen sind zweckgebunden und immer als Fremdkapital anzusehen.[10] Aufgelöst werden dürfen Rückstellungen nur dann, wenn der Grund, für den die Rückstellung gebildet wurde, entfallen ist.

Nach dem BilMoG sind Rückstellungen künftig in Höhe des nach vernünftiger kaufmännischer Beurteilung notwendigen Erfüllungsbetrages zu bilanzieren. Hierin sind Preis- und Kostensteigerungen mit einzubeziehen (§ 253 I S. 2 n.F.). Zusätzlich sind Rückstellungen mit einer Restlaufzeit von mehr als einem Jahr zukünftig generell mit dem durchschnittlichen Marktzinssatz der vergangenen sieben Jahre abzuzinsen (§ 253 I S. 2 n. F.).[11] Steuerlich sind Rückstellungen für Geld- und Sachleistungsverpflichtungen mit einem Zinssatz von 5,5% abzuzinsen.

2.2 Arten von Rückstellungen

Es werden nach § 249 HGB im Allgemeinen drei Arten von Rückstellungen unterschieden: Verbindlichkeiten-, Drohverlust- und Aufwandsrückstellungen. Durch die Einführung des BilMoG besteht die Pflicht (wie schon vor der Einführung), die unter 2.2.1 und 2.2.2 genannten Rückstellungen zu bilden. Aufwandsrückstellungen (Kapitel 2.2.3) wurden ausnahmslos gestrichen, da viele Wahlrechte, die vor dem BilMoG galten, aufgehoben wurden (vgl. Abb.1).

---

[8] Vgl. Gräfer, Scheider (2009), S. 223 f.
[9] Vgl. Coenenberg (2005), S. 388 f.
[10] Vgl. Wöhe (2005), S. 195.
[11] Vgl. Oser, Roß, Wader, Drögemüller (2009), S. 574, in: WPg.

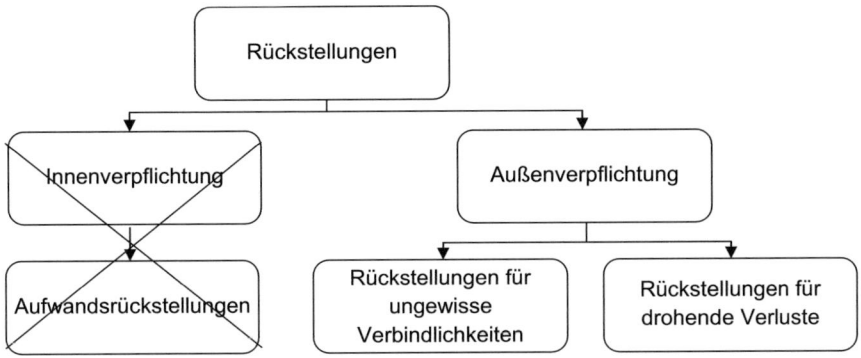

Abb. 1: Veränderung der Rückstellung durch das BilMoG

2.2.1 Verbindlichkeitenrückstellungen

Ist das Bestehen einer ungewissen Verbindlichkeit wahrscheinlich, muss eine Rückstellung gebildet werden. Es kommen dafür nur Verpflichtungen gegenüber Dritten in Betracht. Dies ist dann gegeben, wenn sich die Verbindlichkeit zwischen dem Bilanzstichtag und dem Tag der Aufstellung der Bilanz ergibt und mehr Gründe für das Eintreten sprechen als dagegen.[12] Die Verursachung der Verbindlichkeit muss dabei im alten Jahr liegen.

Rückstellungen für ungewisse Verbindlichkeiten stellen Schulden dar, die jedoch noch nicht hinreichend konkretisiert sind. Es reicht hier nicht, dass eine bloße Möglichkeit einer Inanspruchnahme Dritter möglich ist, sondern sie muss dem Grunde nach mit großer Wahrscheinlichkeit zu erwarten sein. Diese Verpflichtungen müssen daher als Fremdkapital dargestellt werden, um zur Deckung von Gläubigeransprüchen zur Verfügung zu stehen. Basis der Begründung der Rückstellung ist das aus dem Imparitätsprinzip abgeleitete Vorsichtsprinzip, wonach ein Kaufmann am Bilanzstichtag abzusehen hat, ob Verpflichtungen entstanden aber noch nicht eingetreten sind. Diese sind dann in die Bilanz aufzunehmen.[13] Verbindlichkeitenrückstellungen mit Laufzeiten länger als einem Jahr sind nach § 253 II HGB n. F. abzuzinsen.

---

[12] Vgl. Wöhe (2005), S. 195.
[13] Vgl. Coenenberg (2005), S. 388.

2.2.2 Drohverlustrückstellungen

Drohverlustrückstellungen sind zu bilden, wenn abzusehen ist, dass der Ertrag aus einem schwebenden Geschäft geringer ist, als die bis zur Abwicklung des Geschäftes aufgelaufenen Aufwendungen, entsprechend die eigenen Verbindlichkeiten den Wert der Gegenleistung übersteigen. Wie schon bei den Verbindlichkeitenrückstellungen sind Drohverlustrückstellungen zwingend zu passivieren und begründen sich nach dem Imparitätsprinzip. Hier gibt es entgegen der anderen Rückstellungsarten keine Erträge, denen Aufwendungen entgegenstehen.[14] Drohverlustrückstellungen sind im Gegensatz zu den Verbindlichkeitenrückstellungen nicht abzuzinsen.

In der Steuerbilanz ist die Bildung von Rückstellungen für drohende Verluste aus schwebenden Geschäften explizit unter § 5 IVa EStG ausgeschlossen.

Beispiel:

Am 01.12.2009 wird ein Vertrag über den Verkauf einer Maschine geschlossen. Der vereinbarte Festpreis der Maschine beträgt 500 T€. Liefertermin soll der 15.02.2010 sein. Der Kaufpreis der zur Fertigung der Maschine benötigten Teile beträgt 450 T€. Der Montagebeginn der Maschine ist im Januar 2010. Durch eine Ölpest im Golf von Mexiko verteuern sich die benötigten Teile im Dezember auf 550 T€. Beim Verkauf der Maschine im Februar 2010 an den Kunden wird ein Verlust von 50 T€ verursacht. Aufgrund der Absehbarkeit des drohenden Verlustes ist im aktuellen Geschäftsjahr hierfür schon eine Rückstellung in Höhe von 50 T€ zu bilden. Steuerrechtlich ist dies verboten.

2.2.3 Aufwandsrückstellungen

Bei den Aufwandsrückstellungen sind durch die Einführung des BilMoG die größten Einschnitte erfolgt. Um eine Angleichung an die Steuerbilanz sowie an internationale Rechnungslegungsstandards zu erreichen, sind die Wahlrechte bezüglich dieser Rückstellungen ersatzlos gestrichen worden.[15]

---

[14] Vgl. Coenenberg (2005), S. 407.
[15] Vgl. Hoppen, Husemann, Schmidt (2009), S. 123 f.

Nach dem HGB a. F. gab es für Aufwandsrückstellungen ein Wahlrecht im § 249 I S. 3. Unternehmen war es hierdurch möglich, Rückstellungen für Aufwendungen zu bilden, welche sich im Einzelnen konkret abgrenzen ließen, dem Geschäftsjahr oder einen früheren Jahr zuzuordnen waren und die am Abschlussstichtag wahrscheinlich sicher, aber ihres Zeitpunktes und ihrer Höhe nach unbestimmt waren.[16]

Durch die Streichung des § 249 I S. 3 und II HGB a. F. wurde in Art. 67 III EGHGB eine Übergangsregelung getroffen. So können Aufwandsrückstellungen, die in Jahresabschlüssen vor dem 01.01.2010 gebildet wurden, beibehalten werden. Im Rahmen der Aufstellung des nächsten Jahresabschlusses muss dann geprüft werden, ob die Rückstellungen dem Grunde nach weiterhin bestehen und der Höhe nach noch angemessen sind. Sollte dagegen von der Übergangsregelung kein Gebrauch gemacht werden, so sind die aus der Aufstellung resultierenden Beträge erfolgsneutral in die Gewinnrücklage einzustellen. Allerdings bleiben die Rückstellungen, die steuerrechtlich zum Ansatz kommen weiterhin auch handelsbilanziell rückstellungsfähig.[17]

Bei Rückstellungen für Pensionen und ähnliche Verpflichtungen handelt es sich um Rückstellungen für ungewisse Verbindlichkeiten.

---

[16] Vgl. Drinhausen, Ramsauer (2009), S. 46, in: DB, Beilage 5.
[17] Vgl. Hoppen, Husemann, Schmidt (2009), S. 123 f.

3 Die betriebliche Altersvorsorge

3.1 Definition der betrieblichen Altersvorsorge (bAV)

Der Begriff der Altersvorsorge ist in § 1 des Betriebsrentengesetzes definiert und wurde durch das BilMoG auch in den § 246 II S. 2 sowie in § 253 I und II HGB n. F. eingeführt.

Unter die betriebliche Altersvorsorge fallen Leistungen, die ein Arbeitgeber seinen Arbeitnehmern zusätzlich zur gesetzlichen Rentenversicherung für die soziale Absicherung im Alter gewährt. Konkret handelt es sich hierbei um eine Alters-, Invaliditäts- und Hinterbliebenenversorgung, die der Arbeitgeber mittelbar oder unmittelbar erbringt. Sowohl die Zuführung als auch die Höhe dieser Leistung erfolgt grundsätzlich freiwillig. Damit das Kriterium der betrieblichen Altersvorsorge erfüllt ist, muss mindestens eines der Versorgungsrisiken Grundlage des Vertrages sein. Grundsätzlich kann auch der Arbeitgeber entscheiden, welche Art von finanzierter Altersversorgung er für seine Arbeitnehmer einrichten möchte.[18]

Seit 2002 haben pflichtversicherte Mitarbeiter die in die gesetzliche Rentenversicherung einzahlen einen Rechtsanspruch (mit Zustimmung des Arbeitgebers) einen Teil ihres Gehaltes (z. B. Urlaubs- und Weihnachtsgeld) in Beträge umzuwandeln, die zu einer staatlich geförderten betrieblichen Altersvorsorge gehören. Diese stehen dem Arbeitnehmer später unverfallbar zu (Entgeltumwandlung). Dem Arbeitgeber steht es frei, zusätzliche Beiträge einzuzahlen. Die so eingezahlten Beträge sind im Sinne des § 1b BetrAVG nach 5 Jahren und Vollendung des 25. Lebensjahres (vor dem 01.01.2009 nach 5 Jahren und Vollendung des 30. Lebensjahres) unverfallbar.[19]

Zu den staatlich geförderten Formen der betrieblichen Altersvorsorge zählen Direktversicherungen sowie Beiträge zu Pensionskassen und Pensionsfonds. Hierauf geht das folgende Kapital noch ausführlicher ein.

---

[18] Vgl. Doetsch, Oecking, Rath, Reichenbach, Rheil, Veit (2008), S. 9 ff.
[19] Vgl. Nahr, S. 2 Online im Internet.

Im Dezember 2006 haben 65% aller zu diesem Zeitpunkt sozial-versicherungspflichtig beschäftigten Arbeitnehmer eine betriebliche Zusatzversorgung in der Privatwirtschaft oder im öffentlichen Dienst abgeschlossen. Die durchschnittliche Höhe der eingezahlten Beträge liegt bei ca. 100 € pro Mitarbeiter.[20]

3.2 Arten der Pensionsverpflichtungen

Der Hauptfachausschuss (HFA) des Institutes der Wirtschaftsprüfer in Deutschland e.V. (IDW) sieht in Tz. 6 des IDW ERS HFA 30 den Begriff der Altersversorgung als Synonym für Pensionsverpflichtungen. Er verweist auf das Betriebsrentengesetz (§ 1 I S. 1 i. V. mit § 17 I S. 2 BetrAVG).

Es gibt fünf Möglichkeiten der Durchführung einer betrieblichen Altersvorsorge:

Direktversicherungen: Hierbei handelt es sich um einen Lebensversicherungs-vertrag. Dabei schließt der Arbeitgeber als Versicherungsnehmer eine Lebensversicherung für den Arbeitnehmer als versicherte Person ab. Bezugsberechtigter dieser Lebensversicherung ist der Arbeitnehmer (vgl. Abb. 2). Wechselt der Arbeitnehmer den Arbeitgeber, kann er persönlich Versicherungsnehmer werden

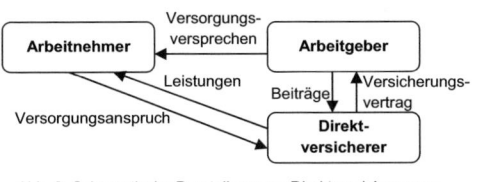

Abb. 2: Schematische Darstellung von Direktversicherungen

und die Beiträge zahlen bzw. den Vertrag beitragsfrei stellen lassen. Als dritte Alternative kann der neue Arbeitgeber den Vertrag als Versicherungsnehmer fortführen. Eine Kündigung zum Rückkaufwert der Versicherung ist vor Vollendung des 60. Lebensjahres nicht möglich.

---

[20] Vgl. TNS Infratest Sozialforschung, Kortmann, S. 8, 12 Online im Internet.

Pensionskassen: Bei Pensionskassen handelt es sich um private Versorgungsträger, die meistens von einem oder mehreren Unternehmen gegründet werden und Vorsorgerisiken für Arbeitnehmer absichern. In der

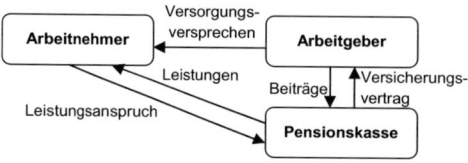

Abb. 3: Schematische Darstellung von Pensionskassen

Regel sind die Arbeitgeber Mitglieder der Pensionskasse und zahlen die Beiträge an diese. Die Arbeitnehmer sind bei der Pensionskasse direkt versichert (Vgl. Abb. 3). Auch können Arbeitnehmer ohne Zustimmung des Arbeitgebers in eine Pensionskasse eintreten. Um aber die Voraussetzungen der betrieblichen Altersvorsorge zu erfüllen, bedarf es der Zusage des Arbeitgebers.[21]

Unterstützungskassen: Wie schon die Pensionskassen sind auch Unterstützungskassen private Versorgungsträger. Hier zahlt der Arbeitnehmer jedoch keine

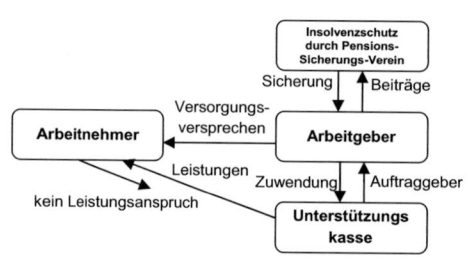

Abb. 4: Schematische Darstellung von Unterstützungskassen

Beiträge zur Rentenabsicherung des Arbeitnehmers ein. Die Unterstützung der Kassen erfolgt durch die Unternehmen. Die Höhe der Finanzierung ist grundsätzlich unbeschränkt. Einen Rechtsanspruch auf Zahlung von Leistungen hat ein Arbeitnehmer zwar nicht gegenüber der Unterstützungskasse, jedoch gegenüber seinem Arbeitgeber. Im Insolvenzfall der Unterstützungskasse muss dieser für Leistungen aufkommen.[22] (Vgl. Abb. 4)

---

[21] Direktversicherungen und Pensionskassen vgl. Doetsch, Oecking, Rath, Reichenbach, Rheil, Veit (2008), S. 148.
[22] Vgl. Doetsch, Oecking, Rath, Reichenbach, Rheil, Veit (2008), S. 98.

Pensionsfonds: Pensionsfonds sind rechtsfähige Versorgungseinrichtungen. Sie dienen ausschließlich der bAV. Gegründet werden können diese vom

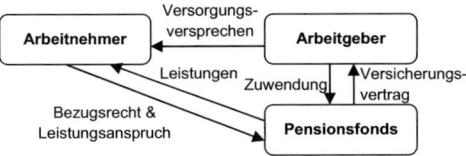

Arbeitgeber oder mehreren Unternehmen in Form einer AG oder VVaG. Entgegen der Unterstützungskasse gewähren Pensionsfonds dem Arbeit-

Abb. 5: Schematische Darstellung von Pensionsfonds

nehmer einen Rechtsanspruch auf die Versorgungsleistung. Sie werden finanziert durch ihre Trägerunternehmen und durch selbst erwirtschaftete Erträge (z. B. am Kapitalmarkt). Beim Arbeitgeber gehört das dort eingezahlte Kapital zum Sondervermögen und muss daher nicht bei ihm bilanziert werden. Dies bietet den Vorteil, das bei einer Insolvenz des Unternehmens das Kapital des Fonds nicht betroffen ist.[23] (Vgl. Abb. 5)

Direktzusagen: Hier verpflichtet sich der Arbeitgeber Leistungen an den Arbeitnehmer zu zahlen, ohne

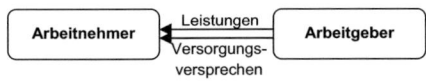

Zwischenschaltung eines externen Leistungsträgers. Versorgungsträger ist das Unter-

Abb. 6: Schematische Darstellung von Direktzusagen

nehmen, welches die Leistungen nach Beendigung des Arbeitsverhältnisses erbringt. Hierbei verpflichtet sich das Unternehmen bei Eintritt eines Versorgungsfalles Leistungen finanzieller Art an den Arbeitnehmer zu entrichten (vgl. Abb. 6). Bei Direktzusagen erfolgt die Zusage vor Eintritt des Versorgungsfalles. Dabei ist der Arbeitnehmer meistens bereits vor der Zusage in das Unternehmen eingetreten.

Bei den Pensionszahlungen können verschiedene Zahlungsvarianten vereinbart werden. Es besteht die Möglichkeit, einen einmaligen Betrag bei Pensions-beginn ausgezahlt zu bekommen. Alternativ können die Pensionszahlungen so gestalten werden, dass sie als fester, periodischer Betrag bis zum Tod ausgeführt werden. Auch ist es vorstellbar, dass die periodischen Zahlungen vom Endgehalt bei Pensionsbeginn abhängig gemacht werden. Hier kann zum Zusage- bzw. Bilanzzeitpunkt der absolute Pensionsbetrag bestimmt werden.

---

[23] Vgl. Doetsch, Oecking, Rath, Reichenbach, Rheil, Veit (2008), S. 143.

Wobei an dieser Stelle das Betriebsrentengesetz nach § 16 eingreift, welches eine Anpassungspflicht beinhaltet. Es wird die Höhe der Pensionen von allgemeinen wirtschaftlichen Entwicklungen abhängig gemacht. [24]

Im weiteren Verlauf dieses Buches liegt der Fokus auf eben diesen Direktzusagen.

3.3 Arten von Versorgungsversprechen

Handelsrechtlich werden dem Grunde nach mittelbare und unmittelbare Pensionszusagen unterschieden.[25] Durch das BilMoG gab es keine gravierende Änderung bezüglich der Bilanzierung von mittelbaren und unmittelbaren Pensionszusagen. Änderungen ergeben sich nur dann, wenn das Unternehmen die für die Altersversorgung reservierten Vermögensgegenstände zugriffsfrei aussondert (siehe dazu Kapitel 4.3.11.1).[26]

3.3.1 mittelbare Pensionszusagen

Bei mittelbaren Pensionszusagen werden externe Versorgungsträger mit eingebunden. Hier wird bei Versorgungseintritt nicht direkt vom Arbeitgeber an den Arbeitnehmer geleistet. Die Zahlungen erfolgen durch Dritte, sprich den oben bereits genannten Direktversicherungen, Pensionsfonds, Pensionskassen oder den Unterstützungskassen.[27] Bei mittelbaren Pensionszusagen wurde das Ansatzwahlrecht aus der alten Rechtslage mit in das aktuell geltende Recht (nach BilMoG) übernommen.[28] Somit ergeben sich hier keine Änderungen.

Beispiel:

Das Unternehmen möchte nicht selbst die Leistung erfüllen, sondern schaltet eine Unterstützungskasse ein, an die das Unternehmen die Zahlungen leistet (handelsrechtlich Personalaufwand, steuerrechtliche Betriebsausgaben). Sollte das Kassenvermögen nicht die Verpflichtungen abdecken, handelt es sich um

---

[24] Vgl. Doetsch, Oecking, Rath, Reichenbach, Rheil, Veit (2008), S. 86 f.
[25] Vgl. Küting, Pfitzer, Weber (2009), S. 343.
[26] Vgl. Höfner, Rhiel, Veit (2009), S. 1605, in: DB.
[27] Vgl. Küting, Pfitzer, Weber (2009), S. 344.
[28] Vgl. Bühler, Online im Internet.

eine mittelbare Pensionsverpflichtung. Der Arbeitnehmer hat in diesem Fall einen Leistungsanspruch an den Arbeitgeber.

Im Folgenden wird das Thema der mittelbaren Zusagen nicht ausführlicher beschrieben, da hier die Rechtslage eindeutig ist. Nach Art. 28 EGHGB besteht für mittelbare Verpflichtungen ein Passivierungswahlrecht. Steuerlich bedeutet das aufgrund der Maßgeblichkeit ein Passivierungsverbot, da hier ein Lex specialis im Steuerrecht vorhanden ist.

3.3.2 unmittelbare Pensionszusagen

Unmittelbare Pensionsverpflichtungen sind bezüglich ihres Zeitpunktes und ihrer Höhe an den Berechtigten ungewiss. Es handelt sich hierbei um Einigungen zwischen Arbeitgebern und Arbeitnehmern, die ohne Zwischenschaltung eines externen Rechtsträgers auskommen. Bei einer Direktzusage verpflichtet sich der Arbeitgeber bei Eintritt des vereinbarten Ereignisses, direkt an den Arbeitnehmer zu leisten.[29]

Für unmittelbare Pensionszusagen gilt, wie auch vor Einführung des BilMoG, die Passivierungspflicht nach § 249 I S. 1 HGB. Es handelt sich um Rückstellungen für ungewisse Verbindlichkeiten, da beispielsweise der Eintritt von Invalidität oder Tot ungewiss ist.[30] Eine schematische Darstellung befindet sich im Anhang in Abb. 12.

Eine Ausnahme von der Passivierungspflicht gibt es für sogenannte Altzusagen (Zusage vor dem 01.01.1987). In diesem Fall gibt es nach Art. 28 I S. 1 EGHGB ein Passivierungswahlrecht. Sollte hiervon Gebrauch gemacht werden, muss der Fehlbetrag (der Rückstellung) im Anhang angegeben werden.[31]

Beispiel:
Einem 40-jährigen Angestellten wird von Unternehmensseite zugesagt, Rentenleistungen an ihn oder seine Hinterbliebenen, bei Eintritt einer bestimmten Altersgrenze, Tod oder Invalidität, zu leisten. Durch die Zusage kommt eine unmittelbare Pensionsverpflichtung zustande.

---

[29] Vgl. Rhiel (2010), S. 132, in: StuB.
[30] Vgl. Höfner, Rhiel, Veit (2009), S. 1606, in: DB.
[31] Vgl. Küting, Pfitzer, Weber (2009), S. 344.

4 Pensionsrückstellung als Instrument der betrieblichen Altersvorsorge

4.1 Bisherige Behandlung der Pensionsrückstellung (HGB a. F.)

4.1.1 Rechtliche Grundlage

Im HGB gibt es keine spezielle Regelung zu den Pensionsleistungen. Im Art. 28 EGHGB findet man jedoch, dass für Anwartschaften oder für laufende Pensionen nach § 249 I S. 1 HGB keine Rückstellungen für Ansprüche, die vor dem 01.01.1987 erworben wurden, gebildet werden müssen. Für mittelbare Zusagen, bei denen eine betragsabhängige Leistung vorgesehen ist, bedarf es ebenfalls keiner Bildung von Rückstellungen. Aus dieser Vorschrift ergibt sich der Umkehrschluss, dass für unmittelbare Zusagen, die nach dem 31.12.1986 erworben wurden, eine Rückstellung zu bilden ist. Nach § 249 HGB sind Pensionsrückstellungen ungewisse Verbindlichkeiten, da sie nach ihrer Fälligkeit und Höhe ungewiss sind. Somit besteht eine Ansatz- und Rückstellungspflicht, wodurch diese nach § 253 I S. 2 HGB mit dem Barwert anzusetzen sind. Dieser Wert ist nach vernünftiger kaufmännischer Beurteilung zu bewerten. Im Handelsgesetz finden sich auch keine Hinweise darauf, welches oder ob ein bestimmtes Verfahren zur Ermittlung angewendet werden muss. Um eine Bewertung bzw. einen Barwertansatz von Rückstellungen vornehmen zu können, sollten folgende Annahmen getroffen werden:

- Höhe der Pensionszahlungen an sich
- Biometrische Invaliditäts- und Sterbewahrscheinlichkeit
- Rechnungszinsfuß und Abzinsungsfaktor
- Zeitpunkte, auf die die Barwert-Berechnung erfolgen soll
- Fluktuation und damit vorzeitiges Ausscheiden zum Pensionseintritt
- Erhöhung von Pensionszahlungen aufgrund von Anpassungsprüfungen
- Verteilung und Zuordnung von Barwerten[32]

Nach herrschender Meinung (z. B. WP Handbuch) wird im Handelsrecht der nach versicherungsmathematischen Grundsätzen ermittelte Barwert angesetzt, der bei bereits laufenden Renten noch zu erbringende Leistungen beinhaltet.

---

[32] Vgl. Heyd, Kreher (2009), S. 76 ff.

Ebenfalls beim Barwert zu berücksichtigen sind zugesagte Leistungs-anpassungen ab dem Zeitpunkt der Entscheidung.

In § 253 I S. 2 HGB a. F. waren unter anderem die Bewertungsvorschriften für übrige Rückstellungen geregelt. Hierunter fallen auch die Pensions-rückstellungen. Zu beachten ist hier, dass grundsätzlich zwischen laufenden Pensionszahlungen und Anwartschaften zu unterscheiden ist. Unverfallbare Anwartschaften für bereits ausgeschiedene Betriebszugehörige, bei denen eine Gegenleistung nicht mehr zu erwarten ist, sind nach § 253 I S. 2 HGB a. F. aufgrund ihres Rentencharakters mit dem Barwert anzusetzen. Pensionsanwartschaften (Verpflichtungen gegenüber Arbeitnehmern) sind mit dem Betrag nach vernünftiger kaufmännischer Beurteilung zu bewerten.[33]

4.1.2 Ausweis

Nach Auffassung des IDW HFA 2/1988 kamen für den Ausweis von Pensionsrückstellungen folgende Bewertungsmethoden in Betracht: der Rentenbarwert für laufende Pensionen, der Anwartschaftsbarwert für Anwartschaften, für die keine Gegenleistung erbracht wird, das Teilwert-verfahren für Anwartschaften, für die die volle Gegenleistung noch nicht erbracht ist und der Gegenwartswert.[34]

Der HFA des IDW hat in der Stellungnahme 2/1988 als Rechnungszins für das Teilwertverfahren einen Spielraum von 3-6% vorgegeben. Hierbei ist aber die Maßgeblichkeit und die umgekehrte Maßgeblichkeit bei der Ermittlung zu beachten. Aus diesem Grund wurde bis zur Einführung des BilMoG in der Bilanzierungspraxis überwiegend das steuerlich gültige Teilwertverfahren handelsbilanziell übernommen.[35] Dies hatte wiederum den Vorteil, dass für die Aufstellung der Handels- und Steuerbilanz nur eine Berechnung zu erfolgen brauchte.

Laut IDW ist bei Einzelzusagen grundsätzlich nach dem Vorsichtsprinzip auch ein höherer Wert als der pauschal errechnete Betrag möglich. Rückstellungen

---

[33] Vgl. Heyd, Kreher (2009), S. 76 ff.
[34] Vgl. Adler, Düring, Schmaltz (2007), Kurt, Tz. 323 Online im Internet.
[35] Vgl. Beck´scher Bilanzkommentar (2006), Tz. 197.

für Pensionen dürfen aufgrund des § 246 II HGB a. F. und dem darin enthaltenen Saldierungsverbot nicht mit eventuell bestehenden Rückdeckungs-versicherungsansprüchen verrechnet werden. Stattdessen müssen sie brutto ausgewiesen werden.

4.2 Pensionsrückstellungen nach Steuerrecht

4.2.1 rechtliche Grundlagen

Im Steuerrecht ist die Passivierung von Pensionen seit 1954 im § 6a EStG geregelt. Dem Wortlaut des Paragrafen zufolge besteht hierbei ein Passivierungswahlrecht. Auch wird im Steuerrecht nicht zwischen Alt- und Neuzusagen unterscheiden. Die Finanzverwaltung vertritt aber die Auffassung, dass durch die Verankerung der Passivierungspflicht für Neuzusagen in der Handelsbilanz mit Blick auf die materielle Maßgeblichkeit, es nicht zu einem Passivierungswahlrecht in der Steuerbilanz kommt.[36] Somit ist von einer Passivierungspflicht auszugehen. Für Altzusagen gilt also das Passivierungs-wahlrecht korrespondierend zum Handelsrecht.[37] Weiterhin ist hier zu beachten, dass der § 6a EStG lex speziales dem § 5 EStG, welcher den allgemeinen Maßgeblichkeitsgrundsatz enthält, vorgeht. Allerdings ist darauf abzustellen, dass der § 6a eine spezielle Vorschrift zur Bildung steuerlicher Pensions-rückstellungen ist und nicht auf das allgemeine Verhältnis zwischen Handels- und Steuerbilanz abzielt.[38]

Soweit nicht spezielle steuerrechtliche Regelungen handelsrechtlichen Normen entgegenstehen, gilt die Bindung der Steuer- an die Handelsbilanz dem Grunde und der Höhe nach.[39]

Folgende Voraussetzungen zur Bilanzierung von Pensionsrückstellungen gibt der § 6a EStG vor. Der Berechtigte muss einen Rechtsanspruch aus einer einmaligen oder laufenden Pensionsleistung haben. Des Weiteren darf die Pensionszusage nicht von künftigen Gewinnen abhängig gemacht werden und es darf keinen Vorbehalt bezüglich Kürzungen oder dem Entzug der

---

[36] BMF v. 13.03.1987, IV B1 – S 2176.
[37] Vgl. Döring, Heger (2009), S. 2067, in: DStR.
[38] Vgl. Heger (2008), S. 588, in: DStR.
[39] Vgl. Döring, Heger (2009), S. 2063, in: DStR.

Anwartschaft geben. Zusätzlich muss diese Zusage schriftlich festgehalten werden.[40]

Grundsätzlich ist das Bilanzmodernisierungsgesetz auf Steuerneutralität ausgerichtet.[41] Gleichwohl entstehen beachtliche Folgen durch die Neuerungen des handelsrechtlichen Einzelabschlusses. Eine beispielhafte Konsequenz ist das Durchbrechen des Maßgeblichkeitsgrundsatzes oder die Abkoppelung der steuerlichen Wahlrechtsausübung vom Handelsrecht.[42]

Die Regelungen zur Bewertung von Rückstellungen sind im Steuerrecht schon umfangreich enthalten. Ergänzt wurde der § 6 I Nr. 3a EStG durch den Buchstaben f. Dieser enthält, entgegen der neuen Regelung des HGB nach dem BilMoG, dass künftige Preis- und Kostensteigerungen nicht berücksichtigt werden dürfen.[43] Somit gelten die Werteverhältnisse am Bilanzstichtag (dies ist eine weitere Bestätigung der aktuellen Rechtslage, wie sie auch der BFH verfolgt).[44] Der Gesetzgeber hat die Änderung des § 6 I für nötig erachtet, da die Rückstellungen nach dem HGB in Höhe des nach vernünftiger kaufmännischer Beurteilung notwendigen Erfüllungsbetrages zu erfolgen haben. Sonst ergaben sich keine Änderungen im § 6 I Nr. 3a EStG. Den Regelungen des § 253 HGB n. F. zur Bewertung von Rückstellungen kommt in der Steuerbilanz keine weitere Bedeutung zu. Dies gilt auch für den Ausweis von Pensionsrückstellungen gemäß § 6a EStG.[45]

4.2.2 Maßgeblichkeit

Seit mehr als 100 Jahren prägt der Maßgeblichkeitsgrundsatz das Zusammenspiel von Handels- und Steuerbilanz. Erstmals 1874 wurde der Grundsatz im sächsischen EStG festgeschrieben.[46] Dieser Eckpfeiler stellte im Bilanzrecht eine wichtige Vorschrift dar, obwohl es nur im Steuerrecht verankert ist.

---

[40] Vgl. § 6a I und II EStG.
[41] Vgl. BT-Drucksache 10/16007, S. 41, 45.
[42] Vgl. Herzig, Briesemeister (2008), S. 976, in: DB.
[43] Vgl. Grützner (2009), S. 485, in: StuB.
[44] Vgl. BFH vom 07.10.1982 –IV R39/80, BStBl 1983 II S.104; R6.11 Abs. 2 EStR.
[45] Vgl. Grützner (2009), S. 485, in: StuB.
[46] Vgl. Döring, Heger (2009), S. 2064, in: DStR.

Dementsprechend war er die Grundlage zur wechselseitigen Verknüpfung der Rechnungslegung zwischen Handels- und Steuerbilanz.[47]

Der Maßgeblichkeitsgrundsatz überträgt die handelsbilanziellen Vorschriften in den Bereich der steuerlichen Vorschriften. Auch nach Einführung des BilMoG bleibt die Maßgeblichkeit weiterhin erhalten, jedoch im Vergleich zur vorherigen Fassung in abgewandelter Form.[48]

Die umgekehrte Maßgeblichkeit war bisher im § 5 I S. 2 EStG a. F. verankert. Zusätzlich gab es entsprechende sogenannte handelsrechtliche Öffnungsklauseln. So z. B. in §§ 247 III, 254 S. 1, 273, 279 II, 280 II und III, 281 HGB a. F.. Diese Öffnungsklauseln sowie die Maßgeblichkeit sind nach einem BMF-Schreiben vom 12.10.2009 erstmals für Wirtschaftsjahre anzuwenden, die nach dem 31.12.2008 enden. Für Geschäftsjahre, die vor dem 01.01.2010 beginnen, sind, ungeachtet des BMF Schreibens, nach Art. 66 V EGHGB handelsrechtliche Öffnungsklauseln noch anwendbar.[49]

Durch Einführung des BilMoG wurde die sogenannte umgekehrte Maßgeblichkeit durch Streichung des § 5 I S. 2 EStG a. F. abgeschafft und durch die Ergänzung des S. 1 im § 5 I EStG n. F. die Maßgeblichkeit modifiziert. Dadurch wird die Anwendung von steuerlichen Wahlrechten nicht mehr an den handelsbilanziellen Jahresabschluss gekoppelt.[50]

4.2.2.1 (umgekehrte) formelle Maßgeblichkeit[51]

Durch Inkrafttreten des BilMoG ist die in § 5 I S. 2 EStG a. F. verankerte formelle Maßgeblichkeit abgeschafft worden. Hierdurch bestand die Möglichkeit steuerliche Wahlrechte, die zur Gewinnermittlung dienten und in Übereinstimmung mit der handelsrechtlichen Jahresbilanz standen, auszuüben.[52]

---

[47] Vgl. Herzig, in: Küting, Weber (2003), Kap. 3, Rn. 1.
[48] Vgl. Döring, Heger (2009), S. 2066, in: DStR.
[49] Vgl. Gelhausen, Fey, Kirsch (2010), S. 28, in: WPg.
[50] Vgl. Döring, Heger (2009), S. 2067, in: DStR.
[51] Zur Vertiefung BMF-Schreiben IV C 6 - S 2133/09/10001, 2010/0188935 vom 12.03.2010.
[52] Vgl. Weber-Grellet (2009), S. 2402, in: DB.

Dieses galt für Bilanzierungs- als auch für Bewertungswahlrechte. Bei der Inanspruchnahme eines steuerlichen Vorteils mussten beispielsweise die gleichen Werte in der Handelsbilanz angesetzt werden. Dies wurde als umgekehrte Maßgeblichkeit bezeichnet. Sie führte dadurch zu einem engen Zusammenspiel zwischen Handels- und Steuerbilanz. Aufgrund der formellen Maßgeblichkeit war es in der Praxis möglich, eine Einheitsbilanz (gleiche Werte in der Handels-, wie in der Steuerbilanz) aufzustellen.[53] Diese Vorgehensweise kam bei vielen Unternehmen häufig zum Einsatz.

Nun sind handelsrechtliche Bilanzierungsvorschriften abweichende steuerrechtliche Wertansätze im Handelsabschluss dementsprechend nicht mehr abzubilden. Steuerrechtliche Wahlrechte können jetzt abweichend von den handelsrechtlichen Regelungen ausgeübt werden. Sollten aufgrund der Streichung des § 5 I S. 2 EStG Wirtschaftsgüter mit dem handelsrechtlichen Wert bei der steuerlichen Ermittlung ausgewiesen werden, sind diese in laufend zu führenden Verzeichnissen aufzunehmen.[54]

4.2.2.2 materielle Maßgeblichkeit

Die materielle Maßgeblichkeit ist die rechtliche Bindung der Steuerbilanz an die handelsrechtlichen Grundsätze ordnungsgemäßer Buchführung. Sie ist auch nach Einführung des BilMoG erhalten geblieben, wird aber eingeschränkt.[55]

§ 5 I zweiter Hs. von S. 1 EStG beinhaltet nach dem BilMoG, dass steuerliche Wahlrechte, ungeachtet der GoB, unter bestimmten Voraussetzungen des § 5 I S. 2 und 3 EStG n. F. ausgeübt werden können.[56]

Auch waren nach § 5 I S. 2 EStG a. F. diese steuerlichen Wahlrechte auszuüben, wenn sich mit der handelsrechtlichen Jahresbilanz übereinstimmten. Hier musste also ein Ansatz- und Bewertungswahlrecht im Steuerrecht vorliegen. Gibt es einen Spielraum im Handels- sowie im Steuerrecht, so wird

---

[53] Vgl. Hoppen, Husemann, Schmidt (2009), S. 57.
[54] Vgl. Hoppen, Husemann, Schmidt (2009), S. 58.
[55] Vgl. Herzig, Briesemeister (2009), S. 976, in: DB.
[56] Vgl. Weber-Grellet (2009), S. 2402, in: DB.

der steuerliche durch den handelsrechtlichen Spielraum eingeschränkt, auch wenn hier nur ein Teil betroffen ist.[57]

Eine weitere Durchbrechung der materiellen Maßgeblichkeit ist in § 6 I Nr. 3a Buchstabe f EStG n. F. enthalten. Dieser Paragraf enthält ein eigenständiges steuerliches Stichtagprinzip. Hier sind die Werteverhältnisse am Bilanzstichtag maßgeblich. Künftige Preis- und Kostensteigerungen dürfen entgegen dem HGB n. F. nicht mit berücksichtigt werden.[58]

4.2.2.3 Auswirkungen der Aufhebung der Maßgeblichkeit

Die Anwendung der Maßgeblichkeit zählt mit zu den schwierigsten Bereichen der Bilanzierung.[59]

Der Art. 3 des BilMoG ändert und ergänzt Regelungen des EStG. Durch Einführung des § 6 I Nr. 3 Buchstaben f wurde wie bereits erwähnt, die sogenannte umgekehrte Maßgeblichkeit abgeschafft. Dies führt im Allgemeinen zu einer Umorientierung bei der steuerlichen Gewinnermittlung. Abweichungen zwischen Handels- und Steuerbilanz werden durch die verschiedenen Bewertungsmöglichkeiten unweigerlich zunehmen.[60] Die Änderung des Steuerrechts im Zusammenhang mit dem BilMoG dient vielfach der Wahrung des Steueraufkommens[61] in Deutschland. Im Bereich der Pensionsrückstellungen sind die Auswirkungen der Abschaffung der umgekehrten Maßgeblichkeit nicht gravierend.

Es bleibt hier somit festzuhalten, dass grundsätzlich die Maßgeblichkeit der Handelsbilanz für die Steuerbilanz erhalten bleibt. Sollten jedoch handelsrechtliche Vorschriften nicht im Einklang mit steuerrechtlichen Wahlrechten ausgeübt werden, sind die steuerlichen Werte gesondert auszuweisen.[62]

---

[57] Vgl. Döring, Heger (2009), S. 2064, in: DStR.
[58] Vgl. Herzig, Briesemeister (2010), S. 68, in: WPg.
[59] Vgl. Döring, Heger (2009), S. 2069, in: DStR.
[60] Vgl. Grützner (2009), S. 485, in: StuB.
[61] Vgl. Zülch, Hoffmann (2009), S. 750, in: DB.
[62] Vgl. Zülch, Hoffmann (2009), S. 752, in: DB.

4.2.3 Teilwertverfahren

Bei dem Teilwertverfahren handelt es sich um ein versicherungsmathe-matisches Verfahren zur Berechnung von Verpflichtungen aus der betrieblichen Altersvorsorge für die Rückstellungen in der Steuerbilanz. Es wird dabei die Annahme getroffen, den Versorgungsaufwand (vor Zinseffekten) gleichmäßig über die gesamte Dienstzeit des Begünstigten zu verteilen. Unter der gesamten Dienstzeit ist die Zeit zwischen Diensteintritt und dem geplanten Eintritt des Versorgungsfalles definiert. Sollte die Zusage nicht bei Eintritt erteilt werden, sondern später, dann ist in dem Jahr der Zusage eine Rückstellung zu bilden, welche für die Zeit zwischen Eintritt und Zusage einmalig berechnet werden muss. Das Gleiche gilt, wenn sich der Anspruch des Empfängers erhöht. In diesem Fall muss eine Rückstellung für die Zeit vom Eintritt des Arbeitnehmers bis zu der Erhöhung vorgenommen werden.[63] Beim Teilwertverfahren ist ein Diskontierungszins von 6% im § 6a EStG festgeschrieben.

Die Definition des steuerlichen Teilwertes von einer Anwartschaft ist der Barwert, vor Beendigung des Dienstverhältnisses, von künftigen Pensions-leistungen am Ende eines Wirtschaftsjahres abzüglich des Barwertes des vorangegangenen Wirtschaftsjahres. Bei der Grundlage der Berechnung werden biometrische Wahrscheinlichkeiten zugrunde gelegt (z. B. Richttafel nach Heubeck). Beruht die Pensionszusage auf einer Entgeltumwandlung (nach dem 31.12.2000) im Sinne des § 1 II BetrAVG ist der höhere Wert zwischen dem steuerlichen Teilwert und dem Barwert der gesetzlichen unverfallbaren Anwartschaften anzusetzen. Tritt der Versorgungsfall ein, so wandelt sich der Teilwert in einen Barwert für laufende Pensionen. Die Rück-stellungsbildung ist abgeschlossen, wenn der Barwert für laufende Pensionen erreicht ist. Diese wird dann mit dem Lauf der Pensionszahlungen schrittweise wieder aufgelöst.[64]

Im § 6a gibt es Vorschriften, welche als rückstellungsmindernd bezeichnet werden können. So werden im EStG Fluktuationen, welche nach dem BilMoG zu berücksichtigen sind, steuerlich pauschal damit erfasst, dass nach § 6a II Nr.

---

[63] Vgl. Gräfer, Schneider (2009), S. 231.
[64] Vgl. Doetsch, Oecking, Rath, Reichenbach, Rheil, Veit (2008), S. 92 ff.

1 EStG Arbeitszeiten vor dem 28. Lebensjahr nicht bei der Bildung von Rückstellungen berücksichtigt werden dürfen.[65]

Probleme bei der Ermittlung der Höhe der Pensionsrückstellung ergeben sich bei dieser Methode auch daraus, dass hier von dem gegenwärtigen Lohnniveau ausgegangen wird. Lohn- und Gehaltssteigerungen, Karriereentwicklungen oder auch berufliche Rückschritte werden nicht berücksichtigt. Eine Ausnahme bilden realisierte Veränderungen bei zukünftigen Pensionszahlungen. Diese Beträge aus der Veränderung dürfen auf drei Geschäftsjahre verteilt werden.[66]

Schlussendlich bleibt festzuhalten, dass es sich hier um einen über die Jahre der Betriebszugehörigkeit verteilten Sparvorgang handelt, mit dem Ziel, bei Eintritt des Versorgungsfalles den Barwert der Zusage realisiert zu haben.

4.2.4 Nachholverbot

Der Begriff Nachholverbot bedeutet, dass Rückstellungsbeträge, die in einem vorherigen Wirtschaftsjahr zulässig waren, in einem späteren Geschäftsjahr nicht nachgeholt werden dürfen (§ 6a IV S. 1 EStG). In den meisten Fällen handelt es sich hierbei um Fehler bei der Berechnung des Teilwertes. Hiervon ausgenommen sind bestimmte Erhöhungen, die in den EStR detailliert geregelt sind. Beim Eintritt des Versorgungsfalles oder bei Eintritt einer unverfallbaren Anwartschaft gilt das Nachholungsverbot nicht. Nach dem Gesetzeswortlaut kann dann auf die volle Pensionsrückstellung aufgestockt werden, welche dem Barwert künftiger Leistungen entspricht.[67]

4.2.5 Bilanzausweis

Wie im vorherigem Kapitel 4.2.3. beschrieben, sind bei Anwärtern, denen eine Zusage erteilt wurde und der Leistungsfall noch nicht eingetreten ist, nur der Unterschiedsbetrag zwischen den Teilwerten vom Ende und Anfang des Wirtschaftsjahres zurückzustellen. Der Unterschiedsbetrag besteht aus einem

---

[65] Vgl. Feld (2003), S. 578.
[66] Vgl. Nahr, S. 9 Online im Internet.
[67] Zur Vertiefung: BFH-Beschluss vom 14. Januar 2009, Az. I R 5/08.

Zinsanteil für die bis dato gesammelten Rückstellungen (6% von der Rückstellung am Anfang des Geschäftsjahres) und der für das aktuelle Geschäftsjahr berechneten Neuzuführung. Dieser Betrag kann unter Nr. 6 im Gesamtkostenverfahren als Aufwendungen für Altersversorgung in der Gewinn- und Verlustrechnung ausgewiesen werden.[68]

Nach der Änderung des Handelsrechtes gibt es diesbezüglich drei wesentliche Abweichungen zwischen der handels- und steuerrechtlichen Bilanzierung.

Im Zuge des BilMoG wurde ein Saldierungsgebot für Planvermögen mit Schulden eingeführt. Nach § 5 I S. 1 EStG sind zwar weiterhin die GoB des Handelsrechtes zu beachten, diese Vorschrift wird aber durch den neu eingeführten Absatz Ia im § 5 EStG ausgehebelt. Daraus ergibt sich, dass zugriffsfreie Wirtschaftsgüter zu aktivieren sind. Ihr Wert ist dann durch die Rückstellungsbildung nach § 6a EStG zu behandeln. Des Weiteren müssen Rückstellungen zukünftig zum nach vernünftiger kaufmännischer Beurteilung notwendigen Erfüllungsbetrag bewertet werden. Daraus resultiert, dass zukünftige Kosten- und Preissteigerungen zu berücksichtigen sind. Im Steuerrecht gilt weiterhin das Stichtagprinzip. Auch beim Zinssatz ergeben sich ebenfalls Änderungen. So wird der steuerrechtliche Teilwert mit einem fest-geschriebenen Zins von 6% abgezinst. Handelsrechtlich muss bei Rück-stellungen entsprechend ihrer Laufzeit ein durchschnittlicher Zinssatz der letzten sieben Jahre zugrunde gelegt werden. Diese Abweichungen führen zukünftig zusätzlich zur Entstehung latenter Steuern.[69]

Durch das Festhalten am Stichtagprinzip in der Steuerbilanz wird es hier auch weiterhin zu einer Unterbewertung der Pensionsrückstellungen kommen.[70] Bei längerer Rückstellungsbewertung fallen durch die verschiedenen Bewertungsmethoden die Handels- und Steuerbilanz künftig stark aus-einander.[71]

Die oben erwähnten handelsrechtlichen Änderungen werden im folgenden Kapitel ausführlicher erläutert.

---

[68] Vgl. Nahr, S. 9 Online im Internet.
[69] Vgl. Höfner, Rhiel, Veit (2009), S. 1606, in: DB.
[70] Vgl. Herzig, Briesemeister (2009), S. 980, in: DB.
[71] Vgl. Herzig, Briesemeister (2010), S. 68, in: WPg.

4.3 Pensionsrückstellungen nach neuem Recht (nach BilMoG)

4.3.1 rechtliche Grundlage

Im Gesetz zur Modernisierung des Bilanzrechts sind die Rückstellungen für Altersversorgungsverpflichtungen von Grund auf neu geregelt.[72]

Der Begriff der Altersversorgungsverpflichtung wurde mit dem BilMoG neu eingeführt (§ 253 HGB n. F.). Die Bilanzierung von Pensionsrückstellungen richtet sich de lege lata (nach geltendem Recht) weiterhin nach dem §§ 246 I und 249 I S. 1 HGB n. F. i. V. mit Art. 28 EGHGB.[73]

4.3.2 Änderungen der Rückstellungsbewertung

Durch die Einführung des BilMoG sind Ansatz- und Bewertungsvorschriften im erheblichen Maße reformiert worden. Die geänderten Bewertungsvorschriften sollen zu einer besseren Bewertung führen und eine Annäherung an die internationalen Rechnungslegungsstandards erzielen. Rückstellungen sind zukünftig mit dem in Höhe vernünftiger kaufmännischer Beurteilung notwendigen Erfüllungsbetrages anzusetzen (§ 253 I, S. 2 HGB n. F.). Das bedeutet für Pensionsrückstellungen, künftige Anwartschafts- und Rententrends sind in dem zu erwartenden Umfang zu berücksichtigen. Bei lohn- und gehaltsabhängigen Pensionszusagen ist die Zukunft realistisch zu schätzen ist. Darunter fallen auch wahrscheinliche Karrieretrends, solange sie auf objektive Prognosen beruhen und nicht reine Spekulation sind. Rückstellungen, welche eine Laufzeit länger als ein Jahr haben, sind entsprechend ihrer Restlaufzeit mit dem durchschnittlichen Marktzinssatz der vergangenen sieben Geschäftsjahre abzuzinsen (§ 253 II S. 1 HGB n. F.).[74] Bei Pensionsrückstellungen ist auch eine pauschale Abzinsung mit dem Durchschnittszinssatz möglich, der sich bei einer angenommenen Laufzeit von fünfzehn Jahren ergibt. Nach dem Grundsatz der Ansatz- und Bewertungsstetigkeit sind die Ansatzmethoden und -wahlrechte nach § 246 III S. 1 HGB n. F. beizubehalten. § 252 I Nr. 6 n. F.

---

[72] Vgl. Rhiel (2010), S. 131, in: StuB.
[73] Vgl. Hasenbug, Hausen (2009), S. 38, in: DB, Beilage 5.
[74] Vgl. Gelhausen, Fey, Kirsch (2010), S. 30, in: WPg.

sieht dies auch für Bewertungsmethoden vor, welche grundsätzlich nicht vorgegeben sind. Nur in begründeten Ausnahmefällen darf nach § 252 II HGB n. F. davon abgewichen werden.[75]

4.3.3 EGHGB-Übergangsregelung

Aufgrund der Fülle von Änderungen wurden gesonderte Vorschriften eingeführt, die den Übergang vom alten auf das neue Recht regelt.

Eine besondere Ausnahme- und Übergangsregelung für Pensions-rückstellungen beinhaltet der Art. 67 des EGHGB. Diese Regelungen sind aufgrund der neuen handelsrechtlichen Bewertungsvorschriften entstanden. Aufwendungen, die im Zusammenhang mit der Zuführung zu den Pensions-rückstellungen aufgrund der neuen Bewertung stehen, dürfen bis zum Jahr 2024 ratierlich angesammelt werden. Nach Art. 67 II EGHGB müssen Unter-nehmen, die von dieser Regelung Gebrauch machen, die noch offenen, nicht angesetzten Rückstellungen im Anhang angeben. Auch dürfen Beträge, welche aufgrund der Neubewertung von Rückstellungen nach dem BilMoG aufgelöst werden müssten, beibehalten werden, wenn diese bis zum Ende des Übergangszeitraumes wieder zugeführt werden. Dieses Wahlrecht zur Beibehaltung und Fortführung von Posten nach dem alten Recht ist ebenfalls im Art. 67 I, III, IV EGHGB verankert. Wird von dem Übergangsrecht kein Gebrauch gemacht, sondern von der Neuregelung, sind die der Neubewertung der Pensionsrückstellung übersteigende Beträge unmittelbar in die Gewinn-rücklage einzustellen oder mit dieser zu verrechnen.[76]

4.3.3.1 15-jähriger Übergangszeitraum

Ausgehend von der neuen Bewertungsmethode ist im Allgemeinen davon auszugehen, dass der Unterschiedsbetrag der Pensionsrückstellungen durch die Neuberechnung positiv ausfallen wird. Dies ist generell darauf zurück-

---

[75] Vgl. Rhiel (2010), S. 134, in: StuB.
[76] Vgl. Gelhausen, Fey, Kirsch (2010), S. 24, in: WPg.

zuführen, dass jetzt ein geringerer Diskontierungszins angewendet wird, sowie künftige Gehalts- und Rententrends mit einbezogen werden.[77]

Im Art. 67 I S. 1 EGHGB geregelt ist der sogenannte Übergangszeitraum. Innerhalb dieses Zeitraumes ist es möglich, sollte es bei einer Neubewertung von Pensionsrückstellungen zur Unterdeckung kommen, den noch offenen Rückstellungsbetrag ratierlich, erstmals 2010, bis zum Jahr 2024 anzusammeln. Zwingend vorgeschrieben ist hier, dass jährlich mindestens 1/15 des noch fehlenden Betrages zugeführt werden muss. Dies muss solange aufrechterhalten werden, bis der neu berechnete Gesamtbetrag erreicht worden ist. Dabei gilt, dass 1/15 des noch offenen Betrages die Mindestzuführung pro Jahr ist. Eine höhere Zuführung ist jederzeit möglich, entbindet aber nicht davon, den Mindestbetrag die Folgejahre beizubehalten. Es verkürzt sich dadurch lediglich der Zuführungszeitraum.[78]

Dieser Unterschiedsbetrag ist einmal für den Zeitpunkt der erstmaligen Anwendung der neuen Rechtslage zu ermitteln und dann anzusammeln.[79] Durch die explizite Festlegung dieser Regelung wird sichergestellt, dass für alle betroffenen Unternehmen die gleichen Bedingungen gelten.[80]

Unweigerlich ist hier zu erkennen, dass die Übergangsregelung einen großen bilanzpolitischen Spielraum beinhaltet. Hier kann das Jahresergebnis durch eine höhere Zuführung als der Mindestbetrag negativ beeinflusst werden, welches dann auch noch lange nach Übergang auf das BilMoG bestand hat.[81]

Grundsätzlich ist es verboten, die Rückstellung aus der Differenz der Rückstellung zum 31.12.2009 nach der alten Methode und dem 31.12.2010 nach der neuen Methode zu bilden.[82] Um eine konforme Ermittlung des Unterschiedsbetrages zu gewährleisten, ist zum 01.01.2010 eine Neubewertung vorzunehmen.

---

[77] Vgl. Höfer (2009), S. 904, in: WPg.
[78] Vgl. Gelhausen, Fey, Kirsch (2010), S. 30, in: WPg.
[79] Vgl. Zwirner, Künkele (2009), S. 1081, in: DB.
[80] Vgl. BT-Drucksache 16/12407, S. 197.
[81] Vgl. Kirsch (2008), S. 1206, in: DStR.
[82] Vgl. Höfer, Früh, Neumeister (2009), S. 2390, in: DB.

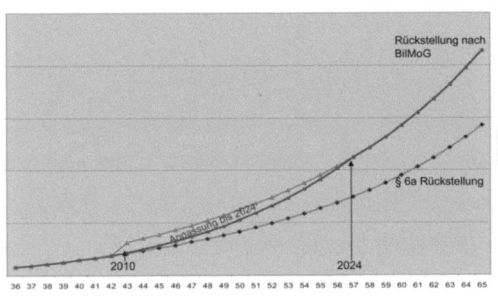

Abb. 7: Grafische Darstellung des Übergangszeitraumes[83]

Beispiel:

Die bisherige Pensionsrückstellung nach dem steuerlichen Teilwertverfahren betragen 2.000 T€. Die Pensionsrückstellungen nach der neuen Bewertung (z. B. nach PUCM) betragen jetzt 2.600 T€. In der Bilanz nach BilMoG ist nun eine Pensionsrückstellung in Höhe von 2.600 T€ anzusetzen. Die Differenz von 600 T€ kann aufgrund des Art. 67 EGHGB in 15 Raten à 40 T€ p. a. (600 T€/15 Jahre) zugeführt werden, sodass im Jahr 2024 diese Diskrepanz ausgeglichen ist. Würden in einem Jahr z. B. 120 T€ zugeführt werden, verkürzt sich der Zuführungszeitraum auf das Jahr 2022, der Mindestbetrag von 40 T€ pro Jahr ändert sich hingegen nicht.[84]

4.3.3.2 Auflösung von Pensionsrückstellungen

Zu einer Auflösung von Pensionsrückstellungen kommt es nach neuem Recht dann, wenn die bisherige Rückstellung höher ist, als die Rückstellung, die sich nach einer Neubewertung nach dem BilMoG ergibt. Die höhere Rückstellung darf nach Art. 67 I S. 2 EGHGB dann beibehalten werden, wenn die Voraussetzungen dafür gegeben sind. Das ist unter anderem der Fall, wenn der Differenzbetrag aus alter und neuer Bewertung in den Folgejahren, spätestens bis zum Jahr 2024, wieder zugeführt werden muss. Diese Zuführung ist schon dann gegeben, wenn die zukünftig einzubeziehenden Trends diesem Betrag entsprechen (z. B. Gehalts- und Rententrends).[85] Wird von dem Wahlrecht kein Gebrauch gemacht, ist die Rückstellung nach Art. 67 I S. 3 EGHGB in Höhe des Differenzbetrages, Jahresanfang zu Jahresende, aufzulösen. Dieser Betrag ist dann unmittelbar gewinnneutral in die Gewinnrücklage einzustellen. Sollte von dem Wahlrecht der Auflösung des übersteigenden Betrages kein Gebrauch

---

[83] Grafik: http://www.dgfp.de/perdoc/document.php?id=82316, zuletzt gesehen am 04.07.2009.
[84] In Anlehnung an Zwirner, Künkele (2009), S. 1084, in: DB.
[85] Vgl. Gelhausen, Fey, Kirsch (2010), S. 31, in: WPg.

gemacht werden, ist die Höhe der Überdeckung nach Art. 67 I S. 4 EGHGB im Anhang anzugeben.[86]

Nach Art. 67 III S. 2 EGHGB gilt dies nicht für Zuführungen, die im letzten vor dem 01.01.2010 beginnenden Geschäftsjahr erfolgt sind. Dadurch soll verhindert werden, dass Aufwandsrückstellungen gebildet werden, welche dann kurz darauf erfolgsneutral in die Gewinnrücklage eingestellt werden.[87]

4.3.4 Unterschied Alt-/ Neuzusagen (Passivierungspflicht oder -wahlrecht)

Das Handelsrecht unterscheidet in Art. 28 EGHGB zwischen sogenannten Alt- und Neuzusagen.

Zu den Altzusagen gehören Zusagen, die vor dem 01.01.1987 erteilt wurden. In Art. 28 I EGHGB gibt es hierfür ein handelsrechtliches Passivierungswahlrecht und korrespondierend dazu gibt es auch in § 6a EStG ein steuerliches Wahlrecht.

Versorgungsversprechen, die zu den sogenannten Altzusagen gehören, müssen nach den Änderungen durch das BilMoG nicht bilanziert werden. Auch die spätere Erhöhung der Zusagen bedarf keiner Bilanzierung. Allerdings sind die Altzusagen, wie auch schon vor dem BilMoG, nach Art. 28 I S. 1 EGHGB i. V. mit II und Art. 48 VI EGHGB im Anhang (bei Kapitalgesellschaften) anzugeben.[88]

Ein Übergang von der nicht Passivierung auf eine Passivierung ist jedoch, entgegen dem Stetigkeitsgebot, jederzeit möglich, wenn dadurch ein besserer Einblick in die Vermögens-, Finanz- und Ertragslage des Unternehmens gewährleistet ist.[89]

Neuzusagen sind dementsprechend Zusagen, die ab dem 01.01.1987 erteilt wurden, und unterliegen generell dem Passivierungsgebot.

---

[86] Vgl. Gelhausen, Fey, Kirsch (2010), S. 31, in: WPg.
[87] Vgl. BT-Rechtsausschuss, a.a.O. (Fn. 2), S. 127.
[88] Vgl. Höfner, Rhiel, Veit (2009), S. 1606, in: DB.
[89] Vgl. IDW ERS HFA 30, Tz. 80.

4.3.5 Anwartschaften

Der Begriff der Anwartschaften ist im BetrAVG geregelt und bedeutet ein aufschiebend bedingter Versorgungsanspruch, der bei Eintritt einer festgelegten Bedingung (z. B. Erreichen der Altersgrenze) umgesetzt wird. Im BetrAVG wird zwischen verfallbaren und unverfallbaren Pensionsanwartschaften unterschieden. Verfallbar bedeutet hier, dass bei Austritt des Leistungs-berechtigten der Anspruch auf die Versorgungsleistung verfällt. Unverfallbare Leistungen haben für den Berechtigten auch bei Austritt aus dem Arbeitsverhältnis vor dem Versorgungsfall weiterhin bestand und können ihm nicht entzogen werden.[90]

Einem Arbeitnehmer, dem Leistungen aus der betrieblichen Altersversorgung zugesagt worden sind, bleibt die Anwartschaft erhalten, wenn das Arbeits-verhältnis vor Eintritt des Versorgungsfalls, jedoch nach Vollendung des 25. Lebensjahres endet und die Versorgungszusage zu diesem Zeitpunkt mindestens fünf Jahre bestanden hat.[91]

4.3.6 Erfüllungsbetrag

Der Begriff des Erfüllungsbetrages wurde mit dem BilMoG neu eingeführt. Eine nähere Erläuterung des Begriffes blieb vom Gesetzgeber mit der Einführung in das HGB allerdings aus.

Nach dem § 253 I S. 2 a. F. waren Rückstellungen durch den nach vernünftiger kaufmännischer Beurteilung notwendigen Rückzahlungsbetrag anzusetzen. Diese Formulierung war angelehnt an das im Handelsrecht gültigen GoB und das darin enthaltene Stichtagprinzip. Somit waren die Verhältnisse am Abschlussstichtag maßgebend. Zukünftige Preis- und Kostensteigerungen durften nicht berücksichtigt werden.[92]

Durch das BilMoG sind, nach der Neufassung des § 253 I S. 1 HGB, Rückstellungen jetzt zwingend mit dem Erfüllungsbetrag zu bewerten. Es besagt, dass Rückstellungen „in Höhe des nach vernünftiger kaufmännischer

---

[90] Vgl. Doetsch, Oecking, Rath, Reichenbach, Rheil, Veit (2008), S. 28 f.
[91] § 1b Abs.1 Satz 1 BetrAVG.
[92] Vgl. Hoppen, Husemann, Schmidt (2009), Rn. 22.

Beurteilung notwendigen Erfüllungsbetrags anzusetzen" sind. Dies ist eines der bedeutendsten Änderungen, die das BilMoG hier vorsieht.[93]

Für den Bereich der Pensionsrückstellungen bedeutet das konkret, dass die Bewertung zukünftig von Lohn-, Preis- und Kostenverhältnissen sowie Rententrends vom Zeitpunkt der tatsächlichen Erfüllung der Verpflichtung abhängt.[94]

Ein mögliches Problem ergibt sich daraus, die richtige Objektivität über zukünftige Preis- und Kostentrends zu finden, um den notwendigen Erfüllungsbetrag ansetzen zu können. Nach der Regierungserklärung vom BilMoG wird explizit nur auf Berücksichtigung von Preis- und Kostensteigerungen verwiesen. Fraglich ist hier, ob Lohn-, Preis- und Kostensenkungen konsequenterweise auch umgesetzt werden müssten.[95]

Pensionsverpflichtungen sowie Anwartschaften werden gleichermaßen vom Erfüllungsbetrag getroffen und müssen neu bewertet werden.

Bei schon zu erfüllenden Verpflichtungen (Rentenempfängern sowie ausgeschiedenen Anwärtern mit unverfallbaren Ansprüchen) entspricht der Erfüllungsbetrag dem vollen Barwert inklusive der zu erwartenden Rentensteigerungen. Ein mögliches Hauptziel des Gesetzgebers könnte bezüglich der Einführung des Begriffs „Erfüllungsbetrag" gewesen sein, die in der Literatur ausgelegten Auffassungen der Formulierung des § 253 HGB a. F. zu beseitigen. Hier standen sich bisher drei Meinungen gegenüber. Nach der Rechtsprechung des BFH waren die Werteverhältnisse am Bilanzstichtag maßgebend.[96] Dies hat sich auch durch die Neuregelung des § 5 I EStG nicht geändert. Eine weitere Auffassung in der Literatur sah dem Wortlaut der alten Fassung des HGB nach, dass auch hier schon künftige Preis- und Kostensteigerungen mit zu berücksichtigen sind.[97] Die dritte Meinung in der Literatur vertritt die Ansicht, dass bei konkret abzusehenden Preis- und

---

[93] Vgl. Wolz, Oldewurel (2009), S. 425, in: StuB.
[94] Vgl. Hoppen, Husemann, Schmidt (2009), Rn. 23.
[95] Vgl. Wolz, Oldewurel (2009), S. 425, in: StuB.
[96] z. B. BFH-Urteil vom 17.03.2004 – II R 76/00, BFH/NV 2004, S. 1072.
[97] Vgl. Küting, Cassel, Metz (2008), S. 2317 f, in: DB.

Kostensteigerungen am Bilanzstichtag diese auch schon zu berücksichtigen sind.[98]

Durch die Einführung des Begriffs des Erfüllungsbetrages werden, aufgrund der Neubewertung, Pensionsrückstellungen unweigerlich ansteigen. Es wird dadurch aber auch eine bessere Darstellung der Rückstellungshöhe in der Bilanz gewährleistet und auch eine Annäherung an internationale Rechnungslegungsstandards ist damit gegeben.

4.3.7 Diskontierungszins

Zukünftig sind Pensionsrückstellungen mit einem von der Deutschen Bundesbank veröffentlichten Durchschnittszins (nach Rückstellungsabzinsungsverordnung) der letzten sieben Jahre abzuzinsen. Ein geringerer Zinssatz ist mit Einführung des BilMoG nicht mehr zulässig. Nach Aussage des HFA des IDW gilt diese Vorschrift schon für die Eröffnungsbilanz zum 01.01.2010. Hierdurch wird erst ermöglicht, den Unterschiedsbetrag, der sich aus der Differenz zum Ende des Geschäftsjahres abzüglich der Summe zu Beginn des Jahres, zu ermitteln.[99]

Entgegen der Abzinsung von „normalen" Rückstellungen hat der Gesetzgeber bei laufenden Pensionen und Anwartschaften eine differenzierte Regelung getroffen.[100] Grundsätzlich sind Rückstellungen nach dem Grundsatz der Einzelbewertung mit ihrer Restlaufzeit entsprechend § 253 II S. 1 HGB n. F. abzuzinsen. Pensionsrückstellungen dürfen nach § 253 II S. 2 HGB n. F. aber pauschal mit einem durchschnittlichen Marktzinssatz der letzten 15 Jahre abgezinst werden (Bildung von Bestandsgruppen nach IDW ERS HFA 30 Tz. 65 sind nicht zu beanstanden). Hier ist weiterhin anzumerken, dass es dadurch zu einem Wahlrecht des Zinssatzes kommt (Einzel- oder Pauschalbewertung). Voraussetzung für das Wahlrecht ist, dass ein tatsächliches Verhältnis der Vermögens-, Finanz- und Ertragslage abgebildet wird. Deutliche Unterschiede können sich hier ergeben, wenn Pensionsverpflichtungen eine Rolle spielen, dessen Laufzeiten kürzer ist als 15 Jahre.[101]

---

[98] Vgl. Naumann (1993), S. 277 f.
[99] Vgl. Höfer (2009), S. 904, in: WPg.
[100] Vgl. Gelhausen, Fey, Kirsch (2010), S. 30, in: WPg.
[101] Vgl. Herzig, Breisemeister (2010), S. 68, in: WPg.

Der Diskontierungszins ist bei der Bewertung von Pensionsrückstellungen von großer Bedeutung. Da es sich hier regelmäßig um lange Abzinsungszeiträume handelt, können kleine Veränderungen in der Wahl des Zinssatzes große Veränderungen in dem zu bilanzierenden Betrag ergeben. Allerdings sollen extreme Schwankungen durch die Durchschnittsbildung des Zinssatzes ausgeglichen werden. Dies ist im Hinblick auf den kürzlich erfolgten Verfall der Zinssätze durch die Finanz- und Wirtschaftskrise zu begrüßen. Auch verhindert ein festgelegter Zinssatz die unternehmensindividuelle Zinsbestimmung. Dadurch wird eine bessere Vergleichbarkeit der Jahresabschlüsse erreicht und bilanzpolitische Bewertungsspielräume eingegrenzt.[102]

Nach dem IDW ERS HFA 30 in Tz. 66 ist es auch gestattet, die Bewertung der Pensionsrückstellungen von drei Monaten vor Bilanzstichtag vorzunehmen. Voraussetzung hierfür ist, dass sich die Bewertungsparameter bis zum Bilanzstichtag nur unwesentlich ändern. Bei der Verwendung des Zinssatzes ist hiervon auszugehen, da sich, bei der Durchschnittsbildung der letzten sieben Jahre, der kurze Zeitraum von drei Monaten nur unwesentlich auswirken kann.

Erträge aus der Abzinsung von Rückstellungen sind gesondert unter dem Posten „sonstige Zinsen und ähnliche Erträge" und Aufwendungen unter dem Posten „Zinsen und ähnliche Aufwendungen" auszuweisen.

4.3.8 Preis- und Kostensteigerungen

Zwar wird es durch die Festlegung des Diskontierungszinssatzes zu einer großen Änderung des Ausweises kommen, jedoch sind hier kaum noch Spielräume für den Bilanzierenden möglich.

Durch die Änderung des Gesetzeswortlautes im § 253 I S. 2 HGB n. F. („Erfüllungsbetrag") wurde eine fundamentale Änderung der Bewertung eingeführt. Der Gesetzgeber zielt hier auf den Betrag ab, der zum Zeitpunkt der Erfüllung aufzubringen ist. Damit hat der Gesetzgeber dem in der Literatur diskutierten, oft ausgelegten und schon modifizierten Begriff des Rückzahlungsbetrages (in HGB a. F.) Rechnung getragen.

---

[102] Vgl. Höfer, Rheil, Veit (2009), S. 1608, in: DB.

Die Änderungen haben somit einen signifikanten Einfluss auf die Höhe des Rentenbarwertes in dem Jahr der Umstellung. Durch die Berücksichtigung künftiger Preis- und Kostensteigerungen, wie z. B. Gehalts- und Rententrends, kommt es zu einer genaueren Abbildung der Vermögens-, Finanz- und Ertragslage und es wird der Bildung stiller Lasten (Unterdeckung von Pensionsrückstellungen) vorgebeugt.[103]

Um künftige Preis- und Kostensteigerungen einbeziehen zu können, ist es erforderlich, „dass ausreichende objektive Hinweise"[104] auf deren Eintritt hinweisen.[105] Durch die Formulierung „in Höhe des nach vernünftiger kaufmännischer Beurteilung notwendigen Erfüllungsbetrages" wird ein Korridor eröffnet, der es Unternehmen erlaubt, Beurteilungsspielräume auszunutzen. Im Rahmen der Bilanzierungspraxis wird es schwer ein, einen festen Bewertungsmaßstab zu nennen, sodass diese Situation einem Bewertungswahlrecht nahe kommt.[106]

Es werden aufgrund der Annäherung an die internationale Rechnungslegung zukünftig wahrscheinlich die Schätzungen nach IAS 37 unter Verwendung von Erfahrungskurven vorgenommen. Probleme werden bei der Schätzung von Trends vor allem bei kleinen- und mittelständischen Unternehmen auftreten.[107]

Das BilMoG verlangt die Beachtung von Gehalts- und Rententrends nicht ausdrücklich, es lässt sich jedoch durch die Formulierung im §253 I S. 2 HGB n. F. herleiten.[108] Auch wird durch die Berücksichtigung zukünftiger Kosten eine Durchbrechung des Stichtagprinzips explizit in Kauf genommen, welcher in den GoB verankert ist. Dadurch soll dem Bedürfnis der Praxis gerecht werden, die eine genauere und zukunftsorientierte Rückstellungsbewertung verlangt.[109]

Der HFA des IDW stellt in Tz. 54 seiner Stellungnahme[110] klar, dass ein Zuschlag auf die Regelgehaltserhöhungen anzusetzen ist, welcher als

---

[103] Vgl. Hoppen, Husemann, Schmidt (2009), Rn. 50.
[104] BT-Drucksache 16/10067 vom 30.07.2008, S. 52.
[105] Vgl. Herzig, Briesemeister (2009), S. 977, in: DB.
[106] Vgl. Küting, Pfitzer, Weber (2009), S. 319.
[107] Vgl. Hoppen, Husemann, Schmidt (2009), S. 127.
[108] Vgl. Höfner, Rhiel, Veit (2009), S. 1608, in: DB.
[109] Vgl. Küting, Pfitzer, Weber (2009), S. 320 f.
[110] IDW ERS HFA 30.

Gehaltstrend einschließlich Karrieretrend betitelt wird. Nach § 285 Nr. 24 HGB n. F. sind Lohn-, Gehalts- und Rentensteigerungen im Anhang anzugeben.

Beispiele für die Berücksichtigung können Lohnerhöhungen aus Tarifen sein oder zeitlich noch nicht festgelegte Beförderungen oder Versetzungen bei dem ein höheres Gehalt gezahlt wird. Allerdings birgt die Zukunft generell durch unvorhersehbare Entwicklungen ein großes Risiko.

4.3.9 Fluktuationen

Durch die Fluktuation wird berücksichtigt, wie wahrscheinlich es ist, dass Arbeitnehmer das Unternehmen verlassen, bevor der Leistungsfall eintritt.

Möglich sind hier zwei Konstellationen. Scheidet ein aktiver Anwärter vor der Unverfallbarkeit der Pensionsverpflichtung aus, so ist die bis dahin gebildete Rückstellung aufzulösen. Die zweite Möglichkeit tritt ein, wenn ein aktiver Anwärter nach der Unverfallbarkeit der Pensionsverpflichtung aus dem Unternehmen ausscheidet. In zweiten Fall ist die Rückstellung dann mit dem Anwartschaftsbarwert zu passivieren.[111]

Diese Effekte sind nicht erst bei deren Eintreten zu berücksichtigen, sondern schon, ihrer Wahrscheinlichkeit nach, bei der Bewertung der Pensionsrückstellung. Nach dem BilMoG werden diese anhand von bestandsspezifischen Fluktuationswahrscheinlichkeiten bemessen.[112]

Diese Wahrscheinlichkeiten lassen sich allerdings schwer bestimmen. Hier fließen nicht nur das Lebensalter oder die Dauer der Betriebszugehörigkeit mit ein, auch konjunkturelle Entwicklungen sind zu berücksichtigen. Die Wichtigkeit der Einbeziehung von konjunkturellen Entwicklungen zeigte die Vergangenheit, durch die „Finanz- und Wirtschaftskrise". Voraussichtlich wird es deshalb branchenspezifische, statistische Erhebungen geben. Vom IDW wird daher auch ein pauschal zweckmäßiges Verfahren akzeptiert.[113]

---

[111] Vgl. Hagemann (2004), S.101.
[112] Vgl. HFA des IDW, 2/1988, S.404.
[113] Vgl. HFA des IDW, 2/1988, S.404.

Es sollte aber geprüft werden, ob aufgrund von niedrigen Unverfallbarkeits-hürden (vgl. § 1b BetrAVG) ein Ansatz von Fluktuationswahrscheinlichkeiten die Bewertung der Rückstellungen überhaupt wesentlich beeinflussen. Bei der betrieblichen Altersversorgung wird dies oftmals nicht der Fall sein.[114] Steuer-lich wird die Fluktuation dadurch berücksichtigt, dass Pensionsrückstellungen nur für aktive Anwärter nach den Voraussetzungen des § 6a II Nr. 1 EStG gebildet werden.[115]

4.3.10 Bewertungsverfahren (versicherungsmathematische Methoden)

Nach dem BilMoG ist kein versicherungsmathematisches Verfahren vorgeschrieben. Dadurch ergibt sich für den Bilanzierenden ein Wahlrecht, welches Verfahren von ihm angewendet wird. Eine Einschränkung der Wahl-freiheit gibt es aber in § 253 I S. 2 HGB n. F.. Es muss sich um ein Bewertungs-verfahren handeln, welches dem Wortlaut „Rückstellung in Höhe des nach vernünftiger kaufmännischer Beurteilung notwendigen Erfüllungsbetrages" entspricht.[116]

Bisher wurde das steuerlich vorgeschriebene Teilwertverfahren in über 90% der Unternehmen in die Handelsbilanz als Wertansatz mit übernommen.[117] Diese Übernahme sparte Zeit und Kosten, da nur einmal eine Berechnung für zwei Bilanzen durchgeführt werden musste.

Die Übernahme des Wertes aus dem Teilwertverfahren wurde aber mehrfach vom HFA des IDW kritisiert und wird handelsbilanziell nur noch geduldet. Daher sind manche Unternehmen dazu übergegangen, den steuerlichen Zinsfuß von 6% durch einen niedrigeren Zins zu ersetzen, um so ein realistischeres Bild des Ausweises zu erhalten (sogenanntes modernisiertes Teilwertverfahren).[118]

Das nach § 6a EStG geltende Teilwertverfahren wird somit nach dem BilMoG nur noch als Untergrenze der Bewertung akzeptiert. Eine Übernahme des

---

[114] Vgl. Rhiel (2010), S. 135, in: StuB.
[115] Zur Vertiefung Ellrott, Rhiel (2006), § 249, S. 354, Tz. 224.
[116] Vgl. Höfer, Rhiel, Veit (2009), S. 1608, in: DB.
[117] Vgl. Meier (2009), S. 998, in: BB.
[118] Vgl. Höfer, Rhiel, Veit (2009), S. 1608, in: DB.

steuerlichen Teilwertes in die Handelsbilanz ist, wie es nach altem Recht ist, nicht mehr zugelassen (da es keine Preis- und Kostensteigerungen enthält).[119]

In dem § 285 Nr. 24 HGB n. F. bzw. § 314 I Nr. 16 HGB n. F. ist vorgeschrieben, dass das angewandte versicherungsmathematische Verfahren und die zugrunde gelegten Annahmen (Zinssatz, erwartete Lohn- und Gehaltssteigerung, Sterbetafel) im Anhang anzugeben sind.[120]

Aus Vorsichtsgründen sollte darauf geachtet werden, dass in der Handelsbilanz mindestens der steuerliche Teilwert angesetzt wird, falls durch ein versicherungsmathematisches Verfahren ausnahmsweise ein geringerer Wert als dieser ausgewiesen werden sollte. Hier könnte es sonst zur Nichtanerkennung des Teilwertes in der Steuerbilanz kommen.[121]

Die versicherungsmathematischen Parameter (Sterblichkeit, Invalidität) sind unter Verwendung zeitnaher Beobachtung zu erstellen.[122] Hier wird in aller Regel auf die aktuellen Tabellenwerte, sogenannte „Sterbetafeln", zurückgegriffen (z. B. Heubeck-Richttafel RT 2005G). Diese kann dann noch bezüglich betrieblicher Besonderheiten wie z. B. die Mischung aus gewerblichen Mitarbeitern, Tarifangestellten und leitenden Angestellten angepasst werden.

Ein einmal gewähltes versicherungsmathematisches Verfahren muss aufgrund der Bewertungsstetigkeit nach § 252 I Nr. 6 HGB beibehalten werden. Ein Wechsel ist nur in begründeten Ausnahmefällen möglich.[123]

---

[119] Vgl. Herzig, Breisemeister (2010), S. 69, in: WPg.
[120] Vgl. Drinhausen, Ramsauer (2009), S. 52, in: DB, Beilage Nr. 5.
[121] Vgl. Höfer, Früh, Neumeister (2009), S. 2390, in: DB.
[122] Vgl. Rhiel (2010), S. 135, in: StuB.
[123] Vgl. Mohlzahn (2007), S. 68.

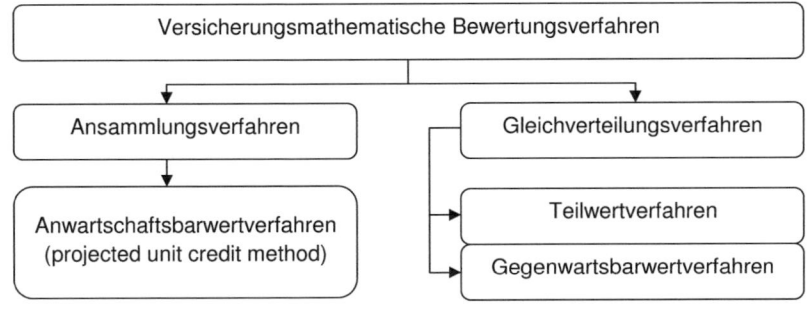

Abb. 8: Unterteilung der versicherungsmathematischen Verfahren

4.3.10.1 Ansammlungsverfahren

Das Ansammlungsverfahren geht von einer Nettoeinmalprämie aus.

Das bedeutet, dass an jedem Bilanzstichtag der Betrag ermittelt wird, der aufgebracht werden müsste, um die Versorgungsleistung zu erfüllen. Der hier ermittelte Barwert geht von den Jahren aus, die der Leistungsempfänger bis zum Bilanzstichtag im Unternehmen ist. Künftige Leistungen werden nicht berücksichtigt. Es wird jedem Jahr der Beschäftigung der Anteil zugeordnet, der im jeweiligen Jahr erdient wurde. Die aufgerechneten und abzuzinsenden Teilansprüche ergeben den zu bilanzierenden Barwert.[124] Etwas plastisch ausgedrückt bedeutet das, dass eine Arbeitnehmer bei n Dienstjahren (von Zusage bis Leistungseintritt) sich jedes Dienstjahr 1/n des zukünftigen Anspruches erarbeitet. Die Zuführung zu den Pensionsrückstellungen setzt sich aus dem diskontierten, erworbenen Teilanspruch und der Verzinsung der Rückstellung des Vorjahres zusammen.[125] Der hier ermittelte Barwert entspricht dem Betrag, zu dem die Pensionsverpflichtung abgelöst werden könnte.

Das bekannteste Ansammlungsverfahren ist die Projected-Unit-Credit-Method (PUCM). Hierbei handelt es sich um ein zunehmend verbreitetes Verfahren in Einzelabschlüssen. Dieses, in Konzernen vorgeschriebene Verfahren, erlaubt Unternehmen, sich an die Internationale Rechnungslegung (IAS 19) anzunähern.

---

[124] Vgl. Keßler (2010), S. 119 f.
[125] Vgl. Coenenberg (2005), S. 415 f.

Mit dieser Methode wird der versicherungsmathematische Barwert zum Bilanzstichtag ermittelt, „der für die im jeweiligen Jahr vom Versorgungsberechtigten erdiente Altersversorgung aufgewendet werden müsste, wenn er an eine gedachte Versicherungsgesellschaft zu zahlen wäre. Dabei wird bei der Bemessung der erdienten Versorgungsleistung auch deren Anhebung durch vermutete künftige Gehaltssteigerungen beachtet (Gehaltstrend bis zum Eintritt des Versorgungsfalls) und bei Versorgungsleistungen in Rentenform noch deren mögliche Steigerung ab dem Rentenbeginn gemäß § 16 BetrAVG (Rententrend)."[126]

4.3.10.2 Gleichverteilungsverfahren

Das Gleichverteilungsverfahren unterteilt sich in das bereits unter Kapitel 4.2.3 erwähnten Teilwertverfahren und dem Gegenwartswertverfahren. Die Anwendung des Teilwertverfahrens ist nur dann noch sinnvoll, wenn es bei Altersversorgungszusagen angewendet wird, die gleichmäßig über die Dienstzeit erdient werden (nach Unverfallbarkeitsregelung nach §2 I BetrAVG). Sollte aber die Gleichmäßigkeit durch vertragliche Regelungen nicht gewährleistet sein, so kommt das Teilwertverfahren mit seiner Gleichverteilungsphilosophie nicht in Betracht. Geeignet ist das Teilwertverfahren in der Handelsbilanz unter bestimmten Voraussetzungen in aller Regel noch zur Bewertung von Jubiläums- und Sterbegeldern sowie bei Krankenkostenbeihilfen, da es hier keine Unverfallbarkeit gibt und eine gleichmäßige Ansammlung unterstellt wird.[127]

Beim Gegenwartswertverfahren wird die Versorgungsleistung gleichmäßig auf die Zeit zwischen der Leistungszusage und dem geplanten Eintritt des Versorgungsfalls verteilt. Zur Erinnerung, beim Teilwertverfahren wurde die Versorgungsleistung über die gesamte Dienstzeit, also schon vor der Zusage, verteilt. Theoretisch kommen beide Verfahren zum gleichen Ergebnis, wenn Eintritts- und Zusagedatum identisch sind. Ist dies nicht der Fall, sind die Rückstellungen des Teilwertverfahrens geringer als beim

---

[126] Höfer, Rhiel, Veit (2009), S. 1608, in: DB.
[127] Vgl. Rhiel (2010), S. 134, in: StuB.

Gegenwartswertverfahren, da hier ein längerer Verteilungszeitraum zugrunde liegt (Vgl. Abb. 9).[128]

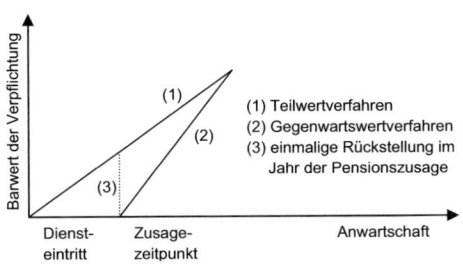

Abb. 9: Vergleich Teil- und Gegenwartswertverfahren bei Zusage nach Diensteintritt[129]

Die größten Unterschiede der Verfahren liegen darin, dass der Periodenaufwand beim Gleichverteilungsverfahren zu Beginn der Erdienungsphase über dem Ansammlungsverfahren liegt. Später liegt dann der Aufwand des Ansammlungsverfahrens über dem des Gleichverteilungsverfahrens.

4.3.11 Saldierung von Vermögen und Schulden

Die vermutlich größte Änderung im Ausweis von Pensionsrückstellungen ist die Saldierung von sogenannten Planvermögen mit Pensionsverpflichtungen. Durch eben diese Saldierung werden die Pensionsrückstellungen nicht mehr mit ihrer realen Höhe in der Bilanz ausgewiesen. Sie werden in Höhe des Planvermögens gekürzt.

Bei dem Ausweis der Pensionsrückstellung sieht der Gesetzgeber zukünftig eine in Kauf genommene Durchbrechung des Saldierungsverbotes vor. Hierdurch kommt es, dass die aus Transparenzgründen eingeführte Regelung des Bruttoausweises aufgehoben wurde. Stattdessen erfolgt ein Nettoausweis der Pensionen im handelsrechtlichen Abschluss.[130]

Mit Einführung des BilMoG ist es jetzt möglich, Vermögensgegenstände mit Schulden zu verrechnen.[131] Diese Regelung gilt allerdings nicht generell, denn die Aussagefähigkeit von Bilanzen würde durch ein generelles Saldierungsrecht erheblich beeinträchtigt. Eine Saldierungspflicht gibt es für die betriebliche Altersversorgung.[132] Voraussetzung hierfür ist nach §§ 246 II S. 2, 253 I S. 4 HGB n. F., dass die Vermögensgegenstände dem Zugriff der Gläubiger entzogen und die Verpflichtungen auf einen Dritten übertragen sind. Außerdem

---

[128] Vgl. Mohlzahn (2007), S. 72.
[129] In Anlehnung an Mohlzahn (2007), S. 72
[130] Vgl. Wolz, Oldewurel (2009), S. 426, in: StuB.
[131] Vgl. Oser, Roß, Wader, Drögemüller (2009), S. 574, in: DB.
[132] Vgl. Höfer, Rhiel, Veit (2009), S. 1606, in: DB.

müssen die Vermögensgegenstände ausschließlich der Erfüllung von Schulden aus Altersversorgungsverpflichtungen (bzw. vergleichbaren langfristig fälligen Verpflichtungen) dienen. Diese sind dann in Höhe des beizulegenden Wertes mit den Schulden zu verrechnen.

Sind die Schulden geringer als der beizulegende Wert der Vermögensgegenstände, muss nach § 246 I S. 3 n. F. der übersteigende Betrag in einem gesonderten Posten („Aktiver Unterschiedsbetrag aus Vermögensverrechnung") in der Bilanz aktiviert werden. Der übersteigende Betrag aus der Verrechnung von Vermögensgegenständen mit Schulden ist nach §§ 268 IIX HGB n. F., 301 AktG n.F. und 172 IV HGB n.F. ausschüttungs-, abführungs- und entnahmegesperrt,[133] da hier handelsrechtlich nicht realisierte Gewinne ausgewiesen werden.[134] Sollten die Tatbestandsvoraussetzungen vorliegen, ergibt sich daraus kein Wahlrecht, es müssen die Vermögensgegenstände mit den Schulden verrechnet werden (vgl. Abb. 10).

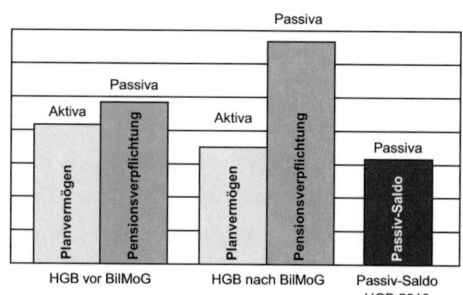

Abb. 10: Schematische Darstellung des Bilanzausweises nach der Verrechnung[135]

4.3.11.1 Schutz vor Gläubigerzugriff

In der Regel sind gesetzlich unverfallbare Anwartschaften sowie laufende Leistungen über den Pensionssicherungsverein[136] insolvenzgeschützt.

Grundsätzlich können jede Art von Aktiva zugriffsfreie Vermögensgegenstände sein. In der Regel kommen allerdings betriebsnotwendige Vermögensgegenstände jedoch nicht in Betracht.

[133] Vgl. Oser, Roß, Wader, Drögemüller (2009), S. 574, in: DB.
[134] Vgl. Herzig, Briesemeister (2009), S. 980, in: DB.
[135] In Anlehnung an Küting, Kußmaul, Keßler (2009), S. 2557, in: DB.
[136] Zur Vertiefung der Sicherungen durch den Pensionssicherungsverein ist das Buch „Praxis der Insolvenz: ein Handbuch für die Beteiligten und ihre Berater" von Siegfried Beck; Peter Depré, Vahlen Verlag 2010 zu empfehlen.

Die für eine Verrechnung vorgesehenen Vermögensgegenstände müssen laut Gesetzgeber ausschließlich der Erfüllung bestimmter Schulden dienen. Damit werden, wie eben beschrieben, betriebsnotwendige Vermögensgegenstände ausgeschlossen, da sie dem Betrieb dienen und nicht für die Befriedigung der Schulden zur Verfügung stehen. Somit ist nur nicht betriebsnotwendiges Vermögen, das sogenannte Planvermögen geeignet.[137]

Der § 246 II S. 2 Hs. 1 HGB n. F. setzt voraus, dass bei der Verrechnung von Vermögen mit den Schulden die Vermögensgegenstände dem Zugriff durch Gläubiger entzogen werden (insolvenzgeschützt). Somit bedeutet insolvenzsicher, dass bei einer Insolvenz diese Gegenstände ausgesondert werden können und somit dem Zugriff Dritter entzogen werden.[138]

Hierbei verweist der Gesetzgeber auf den § 7e II SGB IV. Durch den Verweis auf das SGB und durch die Nähe zum IAS 19.7 kann davon ausgegangen werden, dass folgende Gestaltungen den Voraussetzungen des gläubigerfreien Zugriffs gerecht werden:

- Insolvenzfeste Treuhandvereinbarungen
- Verpfändete Rückdeckungsversicherungsansprüche
- Sicherungshalber abgetretene Rückdeckungsversicherungsansprüche
- Andere verpfändete oder sicherungsabgetretene Rechte[139]

4.3.11.2 CTA (Contractual Trust Arrangements)

CTA-Modelle (Treuhandmodelle) haben zum Ziel, Planvermögen dahingehend auszulagern, das im Falle einer Insolvenz, dieses Vermögen nicht der Insolvenzmasse zugeführt, sondern den Berechtigten zugerechnet wird. Die Auslagerung führt zu einer Bindung von Vermögensgegenständen für Zwecke der betrieblichen Altersvorsorge. Vollzogen wird die Auslagerung durch die

---

[137] Vgl. Keßler (2010), S. 218 ff.
[138] Vgl. § 47 InsO, zur Vertiefung kann der Abschnitt „Insolvenzmasse - Einteilung der Gläubiger" in der Insolvenzordnung herangezogen werden.
[139] Zur Vertiefung: Hasenburg, Hausen (2009), S. 43, in: DB, Beilage 5.

Gründung einer Zweckgesellschaft, die als Treuhänder gegenüber dem Unternehmen auftritt.[140]

Zwischen dem Unternehmen und dem Treuhänder wird ein Treuhandvertrag geschlossen, der den Treuhänder dazu verpflichtet, die Vermögens-gegenstände (deren Eigentümer er ist) zum Zwecke der Erfüllung von Pensionsverpflichtungen (z. B. aus Direktzusagen) anzulegen und zu verwalten. Der wirtschaftliche Nutzen liegt noch immer beim Unternehmen, da die Ver-mögensgegenstände nur zur Erfüllung der Versorgungsversprechen dienen. Somit ist das Unternehmen verpflichtet, diese Vermögensgegenstände zu bilanzieren.[141]

Seit dem 01.07.2004 (Inkrafttreten der Änderungen beim Altersteilzeitgesetz) besteht eine Insolvenzsicherungspflicht der Ansprüche der Arbeitnehmer (§ 8a AltTZG, Insolvenzsicherung).[142]

In jüngerer Zeit sind zunehmen unmittelbare Versorgungszusagen mit Hilfe von CTA zur Finanzierung und Absicherung ausgelagert worden. Hier hat der Gesetzgeber durch die Änderung des § 246 II HBG n. F. (Verrechnung Planvermögen mit bestimmten Schulden) die Möglichkeit dazu geschaffen.

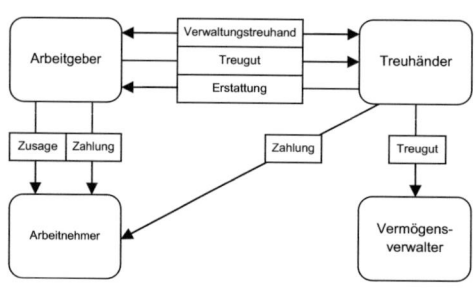

Abb. 11: Schematische Darstellung eines CTA Grundmodells

Durch die Auslagerung der Vermögensgegenstände in CTA-Modelle entstehen allgemein die Vorteile, dass eine Verrechnung des separierten Planvermögens mit den Pensionsrückstellungen möglich ist, und dies zu einer Bilanzverkürzung führt. Aufgrund dessen können sich auch Bilanz- und Ertragskennzahlen verbessern.[143]

---

[140] Vgl. Rhiel, Veit (2008), S. 195, in: DB.
[141] Vgl. Keßler (2010), S. 68 ff.
[142] Vgl. Doetsch, Oecking, Rath, Reichenbach, Rheil, Veit (2008), S. 154.
[143] Vgl. Keßler (2010), S. 68 ff.

4.3.12 Saldierung von Aufwand und Ertrag

Erträge (Kursgewinne und Zinsen), die aus den ausgelagerten Vermögens-gegenständen resultieren, sind mit den Aufwendungen zu saldieren, welche sich aus der Verzinsung von Versorgungsaufwendungen der Pensions-rückstellungen ergeben. Gemeint ist hier nach § 246 II S. 1, 2. HS HGB n. F. der jährliche entstehende kalkulatorische Zinsaufwand für die Pensions-rückstellung.[144]

Beispiel:
Die Pensionsrückstellungen zum 01.01.2010 betragen 200 T€. Zum 31.12.2010
240 T€. Der Diskontierungszins soll am 01.01. und 31.12.2010 gleichbleibend
4,5% betragen. Bildet man die Differenz vom 31.12. und dem 01.01., ergibt sich
ein Aufwand (in der GuV) in Höhe von 40 T€. Diese müssen wie folgt unterteilt
werden: 9 T€ Zinsaufwand (200 T€ * 4,5%) und 31 T€ Personalaufwand
(40 – 9 T€).

4.3.13 Latente Steuern

Latente Steuern ergeben sich durch unterschiedliche Ergebnisse in der Handels- und Steuerbilanz, die auf unterschiedliche Bewertungs- und Bilanzierungsvorschriften bei der handels- und steuerrechtlichen Gewinnermittlung zurückzuführen sind.

Latente Steuern können in passive und aktive latente Steuern unterteilt werden. Passive latente Steuern entstehen, wenn das Handelsbilanzergebnis vor Steuern größer ist als das Steuerbilanzergebnis (vor BilMoG wurde der Gewinn der GuV der Handels- und Steuerbilanz verglichen). Bei den aktiven latenten Steuern verhält es sich umgekehrt. Die latenten Steuern ergeben sich aus dem Differenzbetrag zwischen tatsächlich zu zahlenden Steuern aus der Steuerbilanz und den Steuern, die auf Basis des handelsrechtlichen Ergebnisses ermittelt werden. Für passive latente Steuern müssen nach § 274 I HGB n. F. Rückstellungen gebildet werden. Aktive latente Steuern dürfen nach § 274 II HGB n. F. als Bilanzierungshilfe unter den Rechnungsabgrenzungs-posten aktiviert werden. Aktive und passive latente Steuern dürfen miteinander

---

[144] Vgl. Höfer, Rhiel, Veit (2009), S. 1607, in: DB.

verrechnet werden.[145] Kleine Kapitalgesellschaften sind allerdings durch den § 274a HGB n. F. hiervon befreit.

Durch die Einführung des BilMoG kommt es auch im Bereich der latenten Steuern gemäß § 274 HGB n. F. zu einer vollständigen Neuordnung für die Ermittlung. Aufgrund ihrer Größenordnung gemessen an anderen Bilanzposten, gehören in diesem Zusammenhang die Pensionsrückstellungen zu den bedeutendsten Bilanzposten. Für Ihre Bedeutung spricht ebenfalls die sich durch das BilMoG veränderte Bewertung sowie der Ansatz von Pensionsrückstellungen (wie vorher beschrieben) und den daraus resultierenden handelsbilanziellen und steuerrechtlichen deutlichen Unterschieden. Da davon auszugehen ist, dass aufgrund der geänderten handelsbilanziellen Bewertung die Höhe der Pensionsrückstellungen in der Handelsbilanz zunehmen wird, kommt es zu erheblichen Differenzen zwischen Handels- und Steuerbilanz. Daraus resultiert eine Auswirkung auf die latenten Steuern.[146] Aktive latente Steuern werden in einem gesonderten Posten „Aktive latente Steuern" ausgewiesen.

Bei der Bilanzierung von Pensionsverpflichtungen wird es überwiegend zum Ansatz von aktiven latenten Steuern kommen. Diese sind mindestens bis zur Höhe der passiven latenten Steuern anzusetzen. Dem Bilanzierenden steht hier das Wahlrecht zu, ob er die übersteigenden aktiven latenten Steuern in die Bilanz mit aufnehmen möchte. Es ist davon auszugehen, dass von dem Wahlrecht zukünftig regelmäßiger Gebrauch gemacht werden wird.[147]

Art. 67 VI S. 1 EGHGB regelt die erstmalige Anwendung bei den aus der Erfassung von Steuereffekten resultierenden latenten Steuern. Hiernach sind Beträge, die aus der Bildung bzw. Auflösung latenter Steuern durch die erstmalige Anwendung des § 274 HGB n. F. resultieren, erfolgsneutral mit der Gewinnrücklage zu verrechnen.[148]

Sofern Umstellungseffekte nach dem BilMoG nicht erfolgsneutral in die Gewinnrücklage gestellt werden können, sind diese im außerordentlichen Ergebnis zu erfassen.

---

[145] Vgl. Gräfer, Schneider (2009), S. 236.
[146] Vgl. Prystawik (2010), S. 345 ff., in: DB.
[147] Vgl. Prystawik (2010), S. 345 ff., in: DB.
[148] Vgl. Gräfer, Schneider (2009), S. 236.

Beispiel:

Handelsrechtlich sind durch die Ermittlung der PUCM die Pensionsrückstellungen in Höhe von 2.000 T€ anzusetzen. In der Steuerbilanz nach § 6a EStG dagegen nur in Höhe von 1.500 T€. Daraus ergibt sich ein Unterschiedsbetrag von 500 T€. Ausgegangen von einer Kapitalgesellschaft mit einem Steuersatz in Höhe von 30% ergeben sich aktive latente Steuern von 150 T€. Diese Steuerlatenz ist mit weiteren latenten Steuern in der Bilanz zu verrechnen. Ergibt sich hieraus ein Passivüberhang, sind die latenten Steuern zu passivieren, bei einem Aktivüberhang können diese bilanziert werden.[149]

4.4 Bilanzpolitische Handlungsspielräume durch die Umstellung des HGB

Durch den Übergang vom alten Handelsrecht auf das Handelsrecht nach BilMoG ergibt sich bezüglich der einzelnen Übergangsvorschriften ein großer bilanzpolitischer Spielraum. Des Weiteren nimmt der Gesetzgeber einen bewussten Verstoß gegen das Kongruenzprinzip in Kauf, indem Korrekturen bestimmter Bilanzposten gegen die Gewinnrücklage akzeptiert werden. Am größten wird der Spielraum durch die Vielzahl gesetzlicher Wahlrechte und faktischer Ermessensspielräume bei der Umstellung zum 31.12.2009 (oder zum 31.12.08, Wahlrecht durch das BilMoG). Die daraus resultierenden Effekte werden nicht einmalig stichtagbezogen sein, sondern über mehrere Jahre die Darstellung von Vermögens-, Finanz- und Ertragslage prägen.

In Einzelfällen können zum Bilanzstichtag auch erneute bilanzpolitische Spielräume auftreten. Mit der eingeführten Übergangsregelung hat der Gesetzgeber den Unternehmen beim Übergangsjahr der Bewertung die Möglichkeit gegeben, ihre Gewinne zu minimieren. Dadurch, dass hier ein Zuführungswahlrecht über die nächsten 15 Jahre gegeben wurde, kann außerdem jedes Jahr erneut geprüft werden, ob ein höherer Betrag in die Rückstellungen eingestellt werden soll. Mit Auswirkungen auf die GuV können somit die erwirtschafteten Erträge minimieren werden. [150]

---

[149] In Anlehnung an Gronkowsky (2010), S. 6-9, in: GmbH-Steuerpraxis.
[150] Vgl. Zwirner, Künkele, (2009), S. 1084 ff., in: DB.

Eine große Möglichkeit Bilanzpolitik zu betreiben besteht darin, Planvermögen zu schaffen. Dieses Planvermögen erlaubt, es mit Schulden aus Altersteilzeitverpflichtungen zu saldieren. Dadurch kommt es zur Verringerung der Pensionsrückstellungen bis hin zum vollständigen Entfallen von Pensionsrückstellungen in der Bilanz.

Diese Bilanzverkürzung und die damit verbundene Bereinigung der Passivseite führt bei der Berechnung der Eigenkapitalquote zu Abweichungen im Vergleich zum Vorjahr. Bei der Bewertung der Pensionsrückstellungen steht durch die Berücksichtigung von Gehalts- und Rententrends ein begrenzter Spielraum zur Verfügung. Hier sind zwar Erfahrungswerte und unternehmensspezifische Parameter zu berücksichtigen, eine wahllose Bewertung ist aber nicht möglich. Auch sollte das Wahlrecht geprüft werden, die Änderungen und damit verbundenen Effekte schon im Geschäftsjahr 2009 anzuwenden, um im Folgejahr unbelastet zu sein. Durch die erhöhte Zuführung zur Pensionsrückstellung verringert sich der ausschüttungsfähige Gewinn. Eine Verschlechterung von betriebswirtschaftlichen Kennziffern kann die Folge sein.[151]

Wird lediglich die erhöhte Zuführung zu den Pensionsrückstellungen betrachtet, tritt eine Verschlechterung der Bilanzkennzahlen ein (z. B. Verschlechterung der Eigenkapitalquote, der Eigenkapitalrentabilität sowie des dynamischen Verschuldungsgrades).[152]

---

[151] Vgl. Keßler (2010), S. 55 ff., 277 ff..
[152] Vgl. Keßler (2010), S. 55 ff., 277 ff..

5 Fazit

Wie aus dem Wortlaut bereits ersichtlich ist, ist dem Gesetzgeber mit dem Bilanzrechtsmodernisierungsgesetz ein großer Schritt in Richtung der Modernisierung des deutschen Bilanzrechts gelungen.

Die größten Änderungen im Bereich der Pensionsrückstellungen erlauben jetzt, dass Unternehmen neue Wege finden, ihre Verpflichtungen aussagekräftiger darzustellen. Das Ziel, das Bilanzierungsverfahren zu vereinfachen, ist im ersten Schritt dahingehend nicht gelungen, dass durch die Umstellung völlig neue Bewertungsmaßstäbe anzusetzen sind und durch das BilMoG die Abkehr von der Einheitsbilanz herbeigeführt wird.

In der Vergangenheit wurden Pensionsrückstellungen oft unter der tatsächlichen Belastung abgebildet. Dies war überwiegend daraus abzuleiten, dass das steuerlich gültige Teilwertverfahren in die Handelsbilanz übernommen wurde. Zukünftig ist der anzuwendende Zinssatz, der von der Bundesbank herausgegeben wird, anzusetzen. Hierdurch wird eine marktgerechte Abzinsung gewährleistet und bilanzpolitische Gestaltungsspielräume beschränkt. Auch die Durchbrechung des Stichtagprinzips ist zu begrüßen. Dadurch und mit Hilfe der begrifflichen Veränderung von „Rückzahlungsbetrag" in „Erfüllungsbetrag" können zukünftige Preis- und Kostensteigerungen mit einbezogen werden. Im Bereich der Pensionsrückstellungen wird sich das auf die Gehalts- und Rententrends auswirken. Somit kommt es an dieser Stelle zu einem in der Literatur schon lange befürworteten Ansatz, Zukunftsprognosen mit einzubeziehen und dadurch eine bessere Abbildung der Rückstellungen zu gewährleisten.

Schwierig gestaltet sich hier allerdings die Frage nach dem „wie". Da Zukunftsprognosen in der Regel auf Annahmen und Schätzungen beruhen, ist eine genaue Abbildung der Zukunft schwer möglich (z. B. Ausmaße der Finanz- und Wirtschaftskrise). Somit verringert sich die Vergleichbarkeit von Unternehmensbilanzen. Auch wird durch das Verteilen der Rückstellungserhöhung über 15 Jahre und die Möglichkeit jährlich zusätzliche Beträge zuzuführen, die

Vergleichbarkeit der Unternehmensbilanzen stark eingeschränkt. Die größte Änderung stellt die Abkehr vom Saldierungsverbot dar.

Hierdurch wird den Unternehmen durch die Verrechnung von Planvermögen mit den Pensionsrückstellungen die Möglichkeit gegeben, ihre Bilanzen zu „entrümpeln". Zusätzlich ist hierdurch eine deutliche Annäherung an die Internationalen Rechnungslegungen möglich.

Letztendlich bleibt festzuhalten, dass es durch das BilMoG nicht leichter geworden ist, Rückstellungen zu bewerten. Auch wird die Modernisierung in den Jahren nach der Neubewertung Verzerrungen in der Bilanz nach sich ziehen. Durch die komplexen und verschiedenen Möglichkeiten der Neubewertung ist es zudem schwer zu sagen, wie sich der Ausweis der Pensionsrückstellungen nach dem BilMoG entwickeln wird. Vermutlich wird in vielen Bilanzen doch ein Anstieg zu verzeichnen sein.

Literaturverzeichnis

<u>Monografien</u>

Coenenberg, Adolf G. (2005)
Jahresabschluss und Jahresabschlussanalyse, 20. Auflage, Schäffer-Poeschel
Verlag

Doetsch, Peter A. / Oecking, Stefan / Rath, Michael / Reichenbach, Rita / Rhiel,
Raimund / Veit Annekatrin (2008)
Betriebliche Altersvorsorge-Ein Praktischer Leitfaden, 1. Auflage, Rudolf Haufe
Verlag

Ellrott, Helmut / Rhiel, Raimund (2006)
§ 249, in Beck´scher Bilanz-Kommentar, 6. Auflage, C.H. Beck Verlag

Gräfer, Horst / Schneider, Georg (2009)
Rechnungslegung, Bilanzierung und Bewertung nach HGB/IFRS, 4. Auflage,
Verlag Neue Wirtschafts-Briefe GmbH & Co

Hagemann, Thomas (2004)
Pensionsrückstellungen – Eine praxisorientierte Einführung in die gutachterliche
Methodik   der   Berechnung   von   Pensionsrückstellungen,   Verlag
Versicherungswirtschaft

Herzig, Norbert in: Küting, Karl-Heinz / Weber, Claus-Peter (Hersg.)
Handbuch der Rechnungslegung - Einzelabschluss, Kap. 3, Stand Nov. 2002.

Heyd, Reinhard / Kreher, Markus (2009)
BilMoG – Das Bilanzrechtsmodernisierungsgesetz, Neuregelungen und ihre
Auswirkungen auf Bilanzpolitik und Bilanzanalyse, 1. Auflage, Vahlen Verlag

Hoppen, Christian / Husemann, Walter / Schmidt, Marc (2009)
Das neue HGB-Bilanzrecht, 1. Auflage, Bundesanzeiger Verlag

Keßler, Marco (2010)

Pensionsverpflichtungen nach neuem HGB und IFRS – Auswirkungen von Contractual Trust Arrangements, Erich Schmidt Verlag, (Diss.)

Küting, Karl-Heinz / Pfitzer, Norbert / Weber, Claus-Peter (2009)

Das neue deutsche Bilanzrecht, Handbuch für den Übergang auf die Rechnungslegung nach dem Bilanzmodernisierungsgesetz (BilMoG), 2. Auflage, Schäffer/Poeschel Verlag

Naumann, Klaus-Peter (1993)

Die Bewertung von Rückstellungen in der Einzelbilanz nach Handels- und Ertragssteuerrecht, 2. Auflage, Idw-Verlag GmbH

Mohlzahn, Sybille (2007)

Die Bilanzierung der betrieblichen Altersvorsorge nach HGB und IFRS, 2. Auflage, Verlag Wissenschaft & Praxis

Wöhe, Günter (2005)

Die Handels- und Steuerbilanz, 5. Auflage, Verlag C.H. Beck

Zeitschriftenaufsätze

Döring, Vera / Heger, Heinz-Josef (2009)

Der Wegfall der umgekehrten Maßgeblichkeit nach BilMoG mit besonderem Blick auf die Bilanzierung von Pensionsverpflichtungen in Handels- und Steuerbilanz, in: DStR, Heft 40/2009, S. 2064-2069

Drinhausen, Andrea / Ramsauer, Jürgen (2009)

Zur Umsetzung der HGB-Modernisierung durch das BilMoG: Ansatz und Bewertung von Rückstellungen, in: Der Betrieb, Heft 23/2009, Beilage 5, S. 46-53

Feld, Klaus-Peter (2003)

Die Bilanzierung von Pensionsverpflichtungen nach HGB und IAS – Überblick über die wesentlichen Unterschiede unter Berücksichtigung von Abweichungen zwischen IAS und US-GAAP, in: Die Wirtschaftsprüfung, Heft 11/2003, Seite 573-586

Gelhausen, Hans Friedrich / Fey, Gerd / Kirsch, Hans-Jürgen (2010)

Übergang auf die Rechnungslegungsvorschriften des Bilanzmodernisierungsgesetzes, in: Die Wirtschaftsprüfung, Heft 1/2010, S. 24-33

Gronkowsky, Detlev (2010)

Bilanzierung von Pensionszusagen nach BilMoG, in: Fachbeiträge aus GmbH-Steuerpraxis, Heft 1/2010, S. 6-9

Grützner, Dieter (2009)

Die Änderungen der steuerlichen Gewinnermittlungsvorschriften durch das BilMoG; in: StuB, Heft 13/2009, S. 481-485

Hasenburg, Christof / Hausen, Raphael (2009)

Zur Umsetzung der HGB-Modernisierung durch das BilMoG: Bilanzierung von Altersversorgungsverpflichtungen (insbesondere aus Pensionszusagen) und vergleichbaren langfristigen Verpflichtungen unter Einbeziehung der Verrechnung mit Planvermögen, in: Der Betrieb, Heft 23/2009, Beilage 5, S. 38-46

Heger, Heinz-Josef (2008)

Steuerliche Bewertung von Pensionsverpflichtungen - Widerrufsvorbehalte, Fehlbetrag und andere Hemmnisse bei der Bewertung von Direktzusagen – Ist § 6a EStG noch zeitgerecht? (Ein Petitum zur Modernisierung des § 6a EStG), in: DStR, Heft 13/2008, S. 585-589

Herzig, Norbert / Brisemeister, Simone (2009)

Steuerliche Konsequenzen der Bilanzrechtsmodernisierung für Ansatz und Bewertung in: Der Betrieb, Heft 19/2009, S. 976-982

Herzig, Norbert / Brisemeister, Simone (2010)

Unterscheide zwischen Handels- und Steuerbilanz nach BilMoG, in: Die Wirtschaftsprüfung, Heft 2/2010, S. 68-69

HFA des IDW (2008)

Aus der Facharbeit des IDW, HFA: Stellungnahme des Hauptfachausschuss 2/1988, „Pensionsverpflichtungen im Jahresabschluss", in: Die Wirtschaftsprüfung, Heft 13/1988, S. 403-405.

Höfer, Reinhold / Früh, Hans-Georg / Neumeier, Günter (2009)

Bewertungsparameter für Versorgungszusagen im internationalen und deutschen Jahresabschluss 2009/2010, in: Der Betrieb, Heft 45/2009, S. 2389-2392

Höfner, Reinhold / Rhiel, Raimund / Veit, Annekatrin (2009)

Die Rechnungslegung für betriebliche Altersvorsorge im Bilanzrechtsmodernisierungsgesetz (BilMoG), in: Der Betrieb, Heft 31/2009, S. 1605-1612

Höfer, Reinhold (2009)

Ermittlung und Behandlung der Unterschiedsbeträge aus der Neubewertung von Versorgungsverpflichtungen gemäß BilMoG, in: Die Wirtschaftsprüfung, Heft 18/2009, S. 903-905

Kirsch, Hanno (2008)

Geplante Übergangsvorschriften zum Jahresabschluss nach dem Regierungsentwurf des BilMoG, in: DStR, Heft 25/2008, S. 1202-1207

Küting, Karlheinz / Cassel, Jochen / Metz, Christian (2008)

Die Bewertung von Rückstellungen nach neuem Recht, in: Der Betrieb, Heft 43/2008, S. 2325-2329

Küting, Karlheinz / Kußmaul, Heinz / Keßler, Marco (2009)
Einfluss des Bilanzrechtsmodernisierungsgesetzes (BilMoG) auf die Unternehmenslage am Beispiel der Pensionsverpflichtungen, in: Der Betrieb, Heft 48/2009, S. 2557-2563

Meier, Karin (2009)
Bilanzierung betrieblicher Versorgungsverpflichtungen nach dem BilMoG, in: BB 19/2009, S. 998-1002

Oser, Peter / Roß, Norbert / Wader, Dominic / Drögemüller, Steffen (2009)
Änderungen des Bilanzrechts durch das Bilanzrechtsmodernisierungsgesetz (BilMoG), in: Die Wirtschaftsprüfung, Heft 11/2009, S. 573-580

Prystawik, Oliver (2010)
Latente Steuern nach BilMoG und IFRS – Besonderheiten bei Pensionsrückstellungen und Investmentfonds als Planvermögen, in: Der Betrieb, Heft 7/2010, S. 345-353

Rhiel, Raimund (2010)
Der Entwurf des IDW zu Bilanzierung von Altersversorgungsverpflichtungen nach dem BilMoG, in: StuB, Heft 4/2010, S. 131-138

Rhiel, Reimund / Veit, Annekatrin (2008)
Auswirkungen des geplanten Gesetzes zur Modernisierung des Bilanzrechts (BilMoG) auf Pensionsverpflichtungen, in: Der Betrieb, Heft 5/2008, S. 193-196

Thurnes, Georg / Hainz, Günter (2008)
Pensionsrückstellungen nach dem geplanten Bilanzrechtsmodernisierungsgesetz, in: BC – Zeitschrift für Bilanzierung, Rechnungswesen und Controlling, Heft 01/2008, S. 5-8

Weber-Grellet, Heinrich (2009)
Das BMF und die Maßgeblichkeit, in: Der Betrieb, Heft 45/2009, S. 2402-2404

Wolz, Matthias / Ordewurtel, Christoph (2009)
Pensionsrückstellungen nach BilMoG, in: StuB, Heft 11/2009, S. 424-429.

Zülch, Henning / Hoffmann, Sebastian (2009)
Die Modernisierung des deutschen Handelsbilanzrechts durch das BilMoG: Wesentliche Alt- und Neuregelungen im Überblick, in: Der Betrieb, Heft 15/2009, S. 745-752

Zwirner, Christian / Künkele, Kai Peter (2009)
Übergangsvorschriften zur Anwendung der geänderten Regelungen des BilMoG – Bilanzpolitische Implikationen des Übergangs auf das neue Bilanzrecht, in: Der Betrieb, Heft 21/2009, S. 1081-1087

Online-Publikationen:

ADS – Online Ausgabe (Kommentar)
Adler, Hans / Düringer, Walther / Schmalz, Kurt
Rechnungslegung und Prüfung der Unternehmen, Kommentar zum HGB, 9. Auflage, Stuttgart, Schäffer-Poeschel Verlag, 2008.

Beschlussempfehlung und Bericht des Rechtsausschusses (6. Ausschuss) zu dem Gesetzentwurf der Bundesregierung – Drucksache 16/10067 – Entwurf eines Gesetzes zur Modernisierung des Bilanzrechts (Bilanzrechtsmodernisierungsgesetz – BilMoG), BT-Drucksache 16/12407 vom 24.03.2009
URL: http://www.bmj.bund.de/files/-/3541/Beschlussempfehlung_ Bericht_ Rechtsausschuss_bilmog.pdf
Zuletzt gesehen am 04.07.2010

Blechner, Notker

Pensionsrückstellungen werden zur Zeitbombe

URL: http://boerse.ard.de/content.jsp?key=dokument_12344

Zuletzt gesehen am 04.07.2010

Bühler Hans-Hilmar in Perspektive Praxis.de 04/2009

BilMoG Neue Regeln für 2010

URL: http://www.dgr-wpg.de/apps/web/dgrweb.nsf/news/news-2009.12.11-1/

$File/BilMoG_Neue_Regeln_fuer_2010.pdf

Zuletzt gesehen am 04.07.2010

Bundesministerium der Finanzen

BMF-Schreiben IV C 6 - S 2133/09/10001, 2010/0188935 vom 12.03.2010

URL:

http://www.bundesfinanzministerium.de/nn_302/DE/BMF__Startseite/Aktuelles/

BMF__Schreiben/Veroffentlichungen__zu__Steuerarten/einkommensteuer/235

__a__Bilanzrechtsmodernisierungsgesetz,templateId=raw,property=publication

File.pdf

Zuletzt gesehen am 04.07.2010

Deutscher Bundestag

Entwurf eines Gesetzes zur Modernisierung des Bilanzrechts

(Bilanzrechtsmodernisierungsgesetz – BilMoG), BT-Drucksache 16/10067 vom

30.07.2008

URL: http://www.bmj.bund.de/files/-/3152/RegE_bilmog.pdf

Zuletzt gesehen am 04.07.2010

Institut der Wirtschaftsprüfer e.V. (IDW)

IDW ERS HFA 30

URL: http://www.idw.de/idw/portal/n281334/n281114/n414788/index.jsp

Zuletzt gesehen am 04.07.2010

Kühn, Ulrich / Ulrich, Jens Christopher / Wenzel, Ursula
Risiko Rente aus Focus Money Nr. 34 in 2002
URL: http://www.focus.de/finanzen/boerse/pensionen-risiko-
rente_aid_247464.html
Zuletzt gesehen am 04.07.2010

Nahr, Gottfried
Ansatz und Bewertungsprobleme im Zusammenhang mit betrieblicher
Altersvorsorge
URL: http://vhb.fh-
regensburg.de/kurs_23/kursdateien/pensionsrueckstellung.pdf
Zuletzt gesehen am 04.07.2010

TNS Infratest Sozialforschung / Kortmann, Klaus
Situation und Entwicklung der betrieblichen Altersversorgung in Privatwirtschaft
und öffentlichem Dienst 2001 – 2006, Endbericht mit Tabellen
URL:
http://www.bmas.de/portal/952/property=pdf/f360__2007__07__03__situation__
und__ entwicklung__bav__2006__endbericht.pdf
Zuletzt gesehen am 04.07.2010

Urteile

BFH vom 07.10.1982 –IV R39/80, BStBl 1983 II S. 104; R6.11 Abs. 2 EStR.
BFH-Beschluss vom 14. Januar 2009, Az. I R 5/08

Gesetze

Altersteilzeitgesetz (AltTZG)

In: SGB III Arbeitsförderung,

Auflage 13, vom 01.11.2009, Deutscher Taschenbuch Verlag

Einkommenssteuergesetz (EStG)

In: Wichtige Steuergesetze: mit Durchführungsverordnungen

Auflage 59, vom 01.01.2010, NWB Verlag

Handelsgesetzbuch (HGB)

Auflage 50, vom 01.03.2010, Deutscher Taschenbuch Verlag

Anhang

Beispiel 1:

Die Muster-GmbH hat einigen Ihrer Mitarbeiter Pensionszusagen erteilt (**unmittelbare Pensionszusage, Kapitel 3.3.2; Anwartschaften Kapitel 4.3.5**). Diese werden mit Eintritt des Rentenalters fällig. Hierfür muss eine Rückstellung gebildet werden (**Verbindlichkeitenrückstellungen Kapitel 2.2.1**). Berechnet wird sie durch die Anzahl der Dienstjahre x 0,3% des letzten Bruttomonatsentgeltes vor Renteneintritt. Im Todesfall wird eine Witwen- oder Waisenrente von 50% in Höhe des Rentenbetrages gezahlt. Das Planvermögen des Unternehmens beträgt 3.000 T€.

Bisherige Bewertung (**Bisherige Behandlung der Pensionsrückstellung Kapitel 4.1.**):

Zum 31.12.2009 wird für die Mitarbeiter eine handelsbilanzielle Rückstellung nach dem Teilwertverfahren nach § 6a EStG (**Teilwertverfahren, Kapital 4.2.3**) gebildet. Diese beläuft sich auf 2.400 T€. Zusätzlich werden einige Mitarbeiter eine Betriebsrente beziehen. Der versicherungsmathematische Barwert (**Bewertungsverfahren, Kapital 4.3.10**) dieser zukünftigen Rentenzahlungen beläuft sich auf 700 T€. Somit belaufen sich die Rückstellungen für den Jahresabschluss 2009 auf 3.100 T€.

Neubewertung (**Pensionsrückstellungen nach neuem Recht, Kapitel 4.3**):
Aufgrund der Einführung des BilMoG und der Einführung des Begriffes des Erfüllungsbetrages (**Erfüllungsbetrag, Kapitel 4.3.6**), müssen folgende Änderungen bei der Bewertung der Rückstellung beachtet werden.

Der Diskontierungszins (**Diskontierungszins, Kapitel 4.3.7**) wird auf 5% festgelegt (fiktive Annahme; Festlegung zukünftig durch die Deutsche Bundesbank). Zukünftige Renten- und Gehaltsteigerungen (**Preis- und Kostensteigerungen, Kapitel 4.3.8**) werden von der Muster-GmbH aufgrund von Erfahrungswerten und der anziehenden Konjunktur nach der Finanz- und Wirtschaftskrise geschätzt. Für Rentensteigerungen werden 2% festgelegt; für Gehaltssteigerungen 3%.

Bei der Berechnung der Rückstellungen mit dem neuen Zinssatz, der um einen Prozentpunkt niedriger ist, erhöht sich diese um ca. 450 T€.

Durch die zu erwartende Gehaltssteigerung von 3% bei aktiven Mitarbeitern bis zum Eintritt des Versorgungsfalls erhöht sich die Rückstellung um ca. weitere 700 T€. Bei den künftigen Rentensteigerungen sind aktive Mitarbeiter sowie die schon ausgeschiedenen Leistungsempfänger zu berücksichtigen. Durch die Festsetzung von 2% erhöht sich die Rückstellung nochmals um ca. 1.000 T€. Somit ergibt sich aufgrund der Neubewertung durch das BilMoG eine Rückstellung in Höhe von 5.250 T€.

Demzufolge führt die Umstellung zu einer **Mehrbelastung von 2.150 T€**. Um diesen Effekt abzumildern, kann von dem im Art. 67 I S. 1 EGHGB fest-geschriebenen Übergangszeitraum **(EGHGB-Übergangsregelung, Kapitel 4.3.3)** Gebrauch gemacht werden. Das bedeutet in diesem Fall, das die Mehr-belastung auf 15 Jahre verteilt werden kann und zwar jährlich in Höhe von ca. 143 T€.

Übersicht der Rückstellungsbildung:

	Teilwert T€	Neubewertung T€
Teilwert / Neubewertung zum 31. 12. 2009 (**)	3.100	5.250
Auswirkung der Umstellung des Bewertungsverfahrens	-	2.150
Pensionsrückstellung zum 31.12.2009	**3.100**	**3.243**
normale Zuführung zum 31.12.2010 (Zins- und Personalaufwand) +	160	370
zusätzliche Zuführung aufgrund gestiegener Entgelte und Renten (*)	90	-
Erhöhung	250	370
zusätzliche Zuführung nach Art. 65 EGHGB	-	143
Teilwert / Neubewertung zum 31.12.2010	3.350	5.620
Pensionsrückstellung zum 31.12.2010	**3.350**	**3.756**

Berechnungshilfen:

	Neubewertung zum 31.12.2009	5.250 T€
./.	14/15 der Differenz Alt-/Neubewertung von 2.150 T€	2.007 T€
=	Neue Pensionsrückstellung zum 31.12.2009	3.243 T€

(Für den Teilwert ist der Teil der zusätzlichen Zuführung (*) auf den nicht in (**) berücksichtigten Anstieg der Entgelte und Renten zurückzuführen.)

Des Weiteren wird die Muster-GmbH aufgrund der geänderten Möglichkeiten der Saldierung, das Planvermögen mit den Pensionsrückstellungen **(Saldierung von Vermögen und Schulden, Kapitel 4.3.11)** verrechnen. Die Voraussetzungen dafür sind gegeben.

Bilanzausweis bisher: Planvermögen 3.000 T€;

Pensionsrückstellungen 3.350 T€.

Bilanzausweis nach BilMoG: Pensionsrückstellungen 756 T€ (Planvermögen 3.000 T€ ./. Pensionsrückstellungen 2010 in Höhe von 3.756 T€).[153]

---

[153] Beispiel in Anlehnung an Thurnes, Hainz (2008), S. 5-7, in: BC.

Beispiel 2:

Grafische Darstellung zu den unterschiedlichen Rückstellungsverläufen bei der PUCM, beim modernisierten Teilwertverfahren und dem Teilwertverfahren, zur Veranschaulichung von Kapitel 4.3.10.

Annahmen:

Versorgungsberechtigter, der mit 30 Jahren in das Unternehmen eingetreten ist und sofort eine Pensionszusage erhalten hat.

Alters- und Invalidenrente in Höhe von 6 T€ p. a.

Witwenrente im Todesfall in Höhe von 3,6 T€ p. a.

Rechnungsgrundlage: Heubeck Richttafel 2005 G

Rechnungszins: 5,2% p. a.

Rententrend: 2% p. a.

Rechnerisches Pensionierungsalter: 67 Jahre

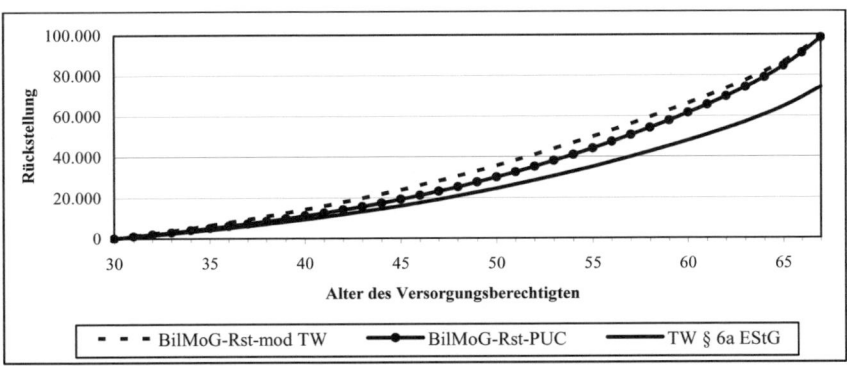

(Beispielquelle: http://www.kmkoll.de//(S(xup0ie55yv0tvd55pie1tv55))/aktuelles/aktuelles090902bilmogbewertung.
aspx?AspxAuto DetectCookieSupport=1, Zuletzt gesehen am 04.07.2010)

Abbildung 12:

Schematische Darstellung von Ansatzvorschriften für handelsrechtliche Pensionrückstellungen

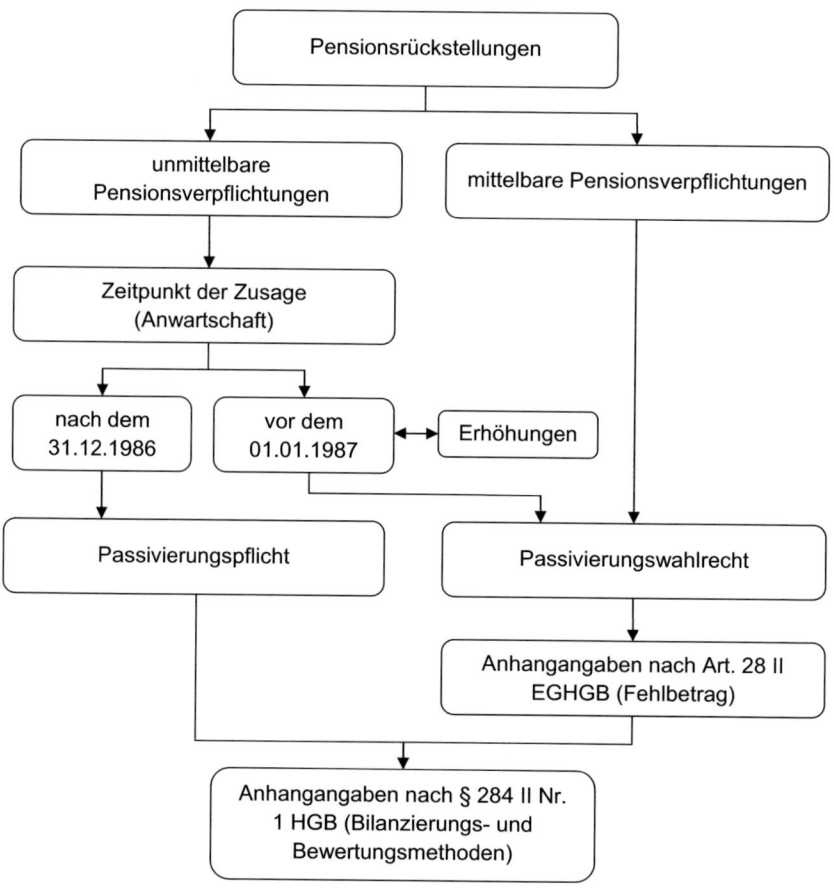

Der Autor

Ingo Dziondziak wurde 1978 in Lohne (Oldb) geboren. Nach einigen Jahren im erlernten kaufmännischen Beruf, der Mitarbeit im Vertrieb des elterlichen Unternehmens sowie dem Einsatz als Marktleiter im Lebensmitteleinzelhandel entschied sich der Autor für eine zusätzliche akademische Ausbildung.

Ingo Dziondziak schloss den Studiengang Wirtschaftsrecht an der Hochschule Osnabrück erfolgreich ab. Während seiner Tätigkeit bei der Wirtschafts-prüfungsgesellschaft PricewaterhouseCoopers entstand die Idee zu diesem Fachbuch.